[美]萨提亚·纳德拉（Satya Nadella）_著　　陈召强　杨洋_译

重新发现商业与未来

刷新

中信出版集团·北京

图书在版编目（CIP）数据

刷新：重新发现商业与未来 /（美）萨提亚·纳德拉著；陈召强，杨洋译 . -- 北京：中信出版社，2018.2（2026.1重印）

书名原文：Hit Refresh: The Quest to Rediscover Microsoft's Soul and Imagine a Better Future for Everyone

ISBN 978-7-5086-8389-8

I. ①刷… II. ①萨…②陈…③杨… III. ①企业管理—研究 IV. ① F272

中国版本图书馆 CIP 数据核字（2017）第 284070 号

刷新：重新发现商业与未来

著　　者：[美] 萨提亚·纳德拉
译　　者：陈召强　杨　洋
出版发行：中信出版集团股份有限公司
　　　　（北京市朝阳区东三环北路 27 号嘉铭中心　邮编　100020）
承 印 者：三河市中晟雅豪印务有限公司

开　　本：880mm×1230mm　1/32　　印　　张：10.25　　字　　数：168 千字
版　　次：2018 年 2 月第 1 版　　印　　次：2026 年 1 月第 37 次印刷
京权图字：01-2017-8144
书　　号：ISBN 978-7-5086-8389-8
定　　价：58.00 元

2014 年 2 月 4 日上午，作为微软第三任首席执行官，我被介绍给公司员工，同时出席的还有微软 40 年历史中仅有的另外两位首席执行官——比尔·盖茨和史蒂夫·鲍尔默。

献给塑造了我的两个家庭：

安努、我们的父母以及我们的孩子们，

还有我的微软大家庭。

HIT REFRESH

目 录

HIT REFRESH

序1

比尔·盖茨

我认识萨提亚·纳德拉（Satya Nadella）已经有20多年了。我们初次相识是在20世纪90年代中期，那时我是微软首席执行官，他从事服务器软件方面的工作。服务器软件在当时还是一个刚刚起步的业务，我们采取了一个长期发展策略，这带来了两方面的好处：一是给公司增加了一个成长引擎，二是培养了很多新的领导者，他们现在管理着微软，其中就包括萨提亚。

后来，他变换工作方向，转而打造微软世界级的搜索引擎。这之后，我们在工作上的互动更加频繁。我们已经落后于谷歌（Google），我们最初的搜索引擎团队正在追赶。扭转乾坤的人中就有萨提亚。他是一个谦逊、有远见和务实的人。他既能针对策略提出有见地的问题，也能与核心工程师融洽相处。

所以，在出任微软首席执行官之后，萨提亚很快就把自己的印记烙在了公司的方方面面，对此我一点也不奇怪。正如本书书名所表明的，他并没有与过去完全决裂：当你在浏览器上点击“刷新”按键时，页面上的一些内容仍保持不变。但在萨提亚的领导下，微软已经改变先前完全以Windows（“视窗”）为中心的策略。他赋予公司大胆的新使命。他总是处于一种对话状态，不断与客户、顶尖研究人员和高管沟通交流。而至关重要的是，他在一些关键技术上加大投入，比如人工智能和云计算等，这将会打造一个全新的微软。

这是明智的策略，不仅对微软如此，对任何想在数字时代取得成功的公司也是如此。计算机产业比以往任何时候都更复杂。时下，除了微软之外，还有很多大公司在从事创新性工作，比如谷歌、苹果（Apple）、脸谱网（Facebook）和亚马逊（Amazon）等。前沿用户遍布世界各地，而不仅仅独在美国。对大多数用户来说，个人计算机（PC）也不再是他们唯一的或者说主要的计算设备。

尽管计算机产业变革迅速，但我们现在仍处于数字革命的起步阶段。以人工智能为例：想一想，在处理日常琐事、安排会议和支付账单等常规活动上，我们花费了多少时间？未来，人工智能助理会知道你在工作、有10分钟的空余时间，然后协助你完成待办事项中的优先事务。人工智能将会让我们的生活更有成效和更具创造性。

创新还将改善生活中的其他很多方面。这也是我在盖茨基金会最主要的工作。盖茨基金会致力于减少世界上最严重的不平等现象。数字追踪工具和基因测序已帮助我们几近消灭脊髓灰质炎，它将成为第二个被彻底根除的人类疾病。在肯尼亚和坦桑尼亚等国家，数字货币让低收入用户第一次能够储蓄、借贷和转账。在美国各地的课堂，个性化学习软件可以让学生们自主掌握进度，让他们把注意力放到最需要提升的技能上。

当然，新技术一定会带来新挑战。我们如何帮助那些被人工智能助理和机器人取代工作的人？用户会相信人工智能助理提供的所有信息吗？如果人工智能助理在工作方式方面给你建议，你会接受吗？

这正是这本书价值非凡的原因。在直面难题的同时，萨提亚也对如何最大限度利用技术所带来的机遇给出了一个路线图。另外，他在书中还引人入胜地讲述了自己的故事，各种精彩语录很可能超乎你的想象；书中甚至还包括他深爱的板球运动方面的一些体会。

我们应该对未来保持乐观。这个世界正变得越来越好，进步的速度也越来越快。这是一本极具思想性的指导书，引领我们迈向令人兴奋、充满挑战的未来。

HIT REFRESH

序2

钱颖一

清华大学经济管理学院院长、教授

2017年10月底，微软首席执行官萨提亚·纳德拉作为清华大学经济管理学院顾问委员会委员，来到清华大学参加年度顾问委员会会议并走进清华X–空间（x-lab）与学生交流。这是我第三次在清华大学见到他。第一次是在2014年9月，他刚刚担任微软首席执行官半年，在清华大学经管学院报告厅与微软执行副总裁沈向洋举行一场对话，我是那天对话的主持人。第二次是2016年6月，我与他在清华大学大礼堂举行一场对话，吸引了上千名清华学生。这两场对话都收到清华学子的热烈反响。这次在顾问委员会会议期间，他送给我他的新书 *Hit Refresh*，并告诉我中文版很快出版，邀请我为其作序。我深感荣幸。

微软于1975年由比尔·盖茨（Bill Gates）和保罗·艾伦（Paul Allen）创立。在其42年的历史中，萨提亚是继盖茨、鲍尔默（Steve Ballmer）之后的第三任首席执行官，他自2014年2月就任微软首席执行官，至今已近4年。短短几年内，在萨提亚的领导下，微软不断“点击刷新”（Hit Refresh），股票一路上涨，目前公司市值已经回到全球市值第三高的位置。

清华大学与微软有着密切的合作。2007年4月，清华大学授予微软创始人、第一任首席执行官盖茨名誉博士学位，这比他的母校哈佛大学授予他名誉博士学位还早了两个月。在萨提亚担任清华大学经管学院顾问委员会委员之前，微软第二任首席执行官鲍尔默也曾担任顾问委员。自2015年起，在微软的支持下，清华大学与华盛顿大学合作建立了一所新型学院——全球创新学院（Global Innovation eXchange Institute，简称GIX），并开办了硕士项目。这所学院的新楼，位于华盛顿大学所在地西雅图和微软总部所在地雷德蒙德（Redmond）之间的贝尔维尤（Bellevue），已于2015年9月落成并启用。

萨提亚出生于印度的海得拉巴（Hyderabad），那里被誉为印度的硅谷。他在印度接受大学教育后，在21岁生日那天赴美国留学，攻读计算机硕士学位。之后他于1992年到微软工作，在工作期间，又攻读了芝加哥大学商学院的在职MBA（工商管理硕士）项目。在微软工作22年后，这位印度移民被微软董事会任命为第三任首席执行官。

在这本书中，萨提亚讲述了他的两个家庭的故事：一个是他个人的家庭，一个是微软这个大家庭。这两个家庭是密切相关的。在自我介绍中，他首先说自己是一个丈夫和父亲，其次说自己是微软的首席执行官，可见家庭对他的重要性。这正是他这本书的一个特点：在几乎每一章中，他在描写在微软的工作中，都会夹叙夹议地讲到他的家庭，他的父母、妻子、儿女对他的影响。这是在同类有关企业管理和领导力的书中不常见的。

这本书的主题是"重新发现微软的灵魂"。其中萨提亚着重讲述了两个词，给我印象极为深刻。一个词是"Empathy"，中文意思是换位思考或同理心。这是心理学中的一个概念。在萨提亚讲公司文化和领导力时，特别强调同理心的重要作用。而他的同理心是从自己的家庭中获得的。他的儿子早产，并患有先天疾病，终身困在轮椅上，这也让他的妻子放弃工作照顾儿子。后来他的一个女儿也因疾病必须到加拿大的温哥华治疗，而往返于西雅图和温哥华耗去了他们夫妻俩大量精力。但是他从这些事中获得了与众不同的同理心，他总会从别人的角度想问题。

另一个词是“Mindset”，中文翻译为思维模式。他在书中提到了斯坦福大学心理学教授卡罗尔·德的畅销书《终身成长：重新定义成功的思维模式》，其中区分了两种心智模式：成长型思维模式（growth mindset）和固化型思维模式（fixed mindset）。2016年萨提亚来访清华与我对话时，送给我的就是这本书。运用思维模式这个概念，萨提亚讲述了微软这几年的变化以及他作为领导者去重新发现微软灵魂的心路历程。微软是高科技企业，它不仅引领全球科技发展，同时也受到新科技变革的冲击。萨提亚认为，一个人无法去准确地预测未来科技变化，但是成长型思维模式可以使他更好地对不确定性做出反应，并且在技术快速变化的情况下，去纠正自己所犯的错误，因此需要不断“刷新”。

这本书也是一本关于未来科技的书。萨提亚着重讲了三个技术：混合现实（mixed reality）、人工智能、量子计算（quantum computing）。混合现实是微软应对增强现实（augmented reality）和虚拟现实（virtual reality）的新技术，而人工智能和量子计算则是会影响21世纪人类文明的技术。萨提亚对人工智能和量子计算的相互加强作用有着深刻的洞察。他在书中写道，量子计算将会加强人工智能的计算能力，使得过去无法实现的创新变得可能。他举例说，一些新药的研制过程中需要大量复杂的计算，量子计算会使这些复杂计算变得轻而易举。再比如，量子计算也会使有关高温超导变得可能。微软在近年来不仅在混合现实，也在人工智能和量子计算上大量投入，致力于继续引领未来科技发展。

阅读萨提亚的这本书给人以很大启发。首先，作为一位全球顶尖科技企业的领导者，他在企业“刷新”过程中展现出的领导力，他用同理心和成长型思维模式思考并解决问题，给我们的企业管理者很多启示。其次，萨提亚从印度到美国学习、工作，并从工程技术人员成长为全球顶尖跨国公司首席执行官的个人经历，给我们呈现出一个人生励志的榜样。最后，他强调自己并非只是技术专家和管理专家，还是一个人文主义者（Humanist），从这个角度，这本书为我们审视卓越管理者的人生观和世界观提供了新的洞见。

我热情地向中国读者推荐这本叙述平实、富有哲理、着力现实、心怀未来的书。

HIT REFRESH

序3

沈向洋

微软全球执行副总裁
微软人工智能及微软研究事业部负责人

2014 年 2 月 4 日。就在那一天，萨提亚·纳德拉被任命为微软新晋首席执行官。在公司近 40 年的发展历程中，他是第三位执掌帅印的领导者。这个消息让一些不认识萨提亚的人感到担忧，也让像我这样熟识他的人更坚定了信心。

在正式宣布萨提亚任命的微软员工“与首席执行官见面”大会上，作为三位受邀者之一，我要在比尔·盖茨、史蒂夫·鲍尔默和萨提亚上台前致辞介绍萨提亚。几乎没有时间准备讲稿，记得我当时在想：“究竟是什么，让萨提亚成为担此重任的不二人选？”我的脑海里闪现出两个词：激励型导师和强悍的学习能力。

2007 年 3 月 11 日，萨提亚被公司任命为搜索及广告平台业务部的资深副总裁。该部门是必应搜索的前身。同时我收到调任通知，搬回西雅图总部，加入萨提亚的团队担任搜索及广告首席科学家。但是直到萨提亚成为我的新领导的那一天，我和他还从未见过面。当时我还在北京的微软亚洲研究院担任院长并从事计算机视觉图形学研究。

我还清楚地记得自己当时试图设想未来的生活会因此而有什么样的改变——我将就任一个自己并不确定是否能够胜任的新职位，为一位素昧平生的新领导工作，开拓一个对我来说完全陌生的互联网产品研发领域——归根结底，一个计算机视觉研究员对搜索和广告业务又懂多少呢？

很显然，也许我应该先和他见个面，看看他到底是个什么样的人。我给萨提亚发了一封邮件，介绍了自己并提议先见上一面。他很快就回复了："当然！一起吃个晚餐如何？"我接受了邀请，并推荐一起去吃印度菜，而他则建议去吃中国菜。

对我来说，这次面谈是一个简单而真切的例子，它让我了解到萨提亚成为卓越领导人和导师的关键所在。他具备独特的能力，能将大家紧密团结在一起，启发和激励人们去做他们从未想象过的事情。2009 年 6 月必应正式发布时，我亲身感受到了这种力量。从那以后，我无数次地感受到这种力量给我们团队带来的改变。

我相信，萨提亚"以人为本"的方法论的核心是他"打破砂锅问到底"的好奇心。就学习能力来讲，没有多少人能与萨提亚相提并论。你只需要和他开一次会，就可以了解到他对事物思考的深度和对事物了解的广度，远远超过你的想象。他具有超乎寻常的能力，能迅速对复杂的事物抽丝剥茧，直触本源，同时又能耐心地引导团队。这种兼具深入浅出、化繁为简和团结他人、以同理心领导公司的能力实属罕见，也让萨提亚在众多优秀领导者中脱颖而出。

回首他作为首席执行官的过去4年，再回想我在2014年的讲话，显而易见，萨提亚持之以恒、求知若渴的精神和他具有启发性的领导才能主导了微软诸多积极的改变。在他升任首席执行官之前，我们已经是一家强大的公司。今天，我们更是注入了新的能量和远大的愿景：人工智能、混合现实、量子计算。这些都源于萨提亚的卓越领导力。他启发我们跳出思维定式，不再墨守成规，更激励我们畅想新的可能。

而今，在萨提亚的带领下，微软不断创新，砥砺前行！

HIT REFRESH

01

从海得拉巴到雷德蒙德

马克思、梵文学者以及板球英雄与我的童年

我是 1992 年加入微软的，因为我一直想去一家以改变世界为使命的公司。现在已经过去 25 年了，我从来没有后悔过。微软发起了个人计算机革命，而我们的成功是具有传奇性的：在之前的一个世代，微软可能只有一个竞争对手，即 IBM（国际商业机器公司）。但在遥遥领先所有对手多年之后，情况发生了变化，然而并不是朝着更好的方向发展——创新被官僚主义所取代，团队协作被内部政治所取代。我们落后了。

在这些混乱时期，一名漫画家将微软的组织系统描绘成敌对帮派结构，大家相互用枪指着对方。漫画传递的信息很明白。作为一个在微软工作了 25 年的老兵，一个百分之百的局内人，这幅漫画反映的问题确确实实困扰着我。但更让我感到苦恼的是，我们自己人却接受了这种现实。当然，在过去的多个工作岗位上，我也经历过一些类似的不和谐

情况，但我从不认为它们是无法解决的。所以，在2014年2月被任命为微软第三任首席执行官时，我对公司员工表示，重塑企业文化将是我的首要任务。我告诉他们，我将不遗余力地清除创新障碍，让公司重新回到先前的轨道上：继续以改变世界为己任。当我们将个人热情与更广阔的目标结合起来时，微软就会处于最佳状态：Windows、Office、Xbox、Surface、服务器和微软云，所有这些产品都已成为帮助个人和组织打造梦想的数字平台。这些都是了不起的成就，而且我知道我们还能做得更多，员工也渴望做得更多。我希望微软文化具备这样的天性和价值。

在出任首席执行官之后不久，我就决定在我所主持的重要会议上做一个试验。每个星期，我的高级管理团队（SLT）成员都会聚在一起，就重大机遇和困难决策进行评估、讨论和辩论。高级管理团队由部分极具才华的人组成，包括工程师、研究人员、管理人员和市场人员。这是一个多元组合，成员有男有女，各有不同背景，他们加入微软是因为他们热爱技术，并且相信他们的工作会给世界带来改变。

当时，该团队成员包括佩姬·约翰逊（Peggy Johnson），曾在通用电气公司军用电子事业部担任工程师，亦在高通公司做过高管，现为微软业务开发方面的负责人；凯瑟琳·霍根（Kathleen Hogan），曾在甲骨文公司担任应用开发者，现为微软人力资源方面的负责人，同时也是和我一起改变公司文化的搭档；库尔特·德尔贝恩（Kurt Delbene），一名微软老兵、经验丰富的业务负责人，在奥巴马政府期间曾离开公司，负责政府网站 Healthcare.gov 的相关工作，后又返回微软，担任公司战略方面的负责人；陆奇，曾在雅虎工作 10 年，持有 20 项美国专利，担任微软应用和服务业务的负责人；首席财务官埃米·胡德（Amy Hood），曾在高盛公司担任投资银行家；公司总裁兼首席法务官布拉德·史密斯（Brad Smith），曾是科文顿和柏灵律师事务所的合伙人，在这家有着近百年历史的事务所中，他是第一个要求公司为自己配备个人计算机，并将其作为入职条件的律师，那时还是 1986 年；斯科特·格思里（Scott Guthrie），从杜克大学毕业后即加入微软，后接替我担任微软云和企业业务的负责人；凑巧的是，微软 Windows 和设备方面的负责人特里·迈尔森（Terry Myerson）也毕业于杜克大学，他毕业后创建 Intersé 公司，这也是最早的 Web 软件公司之一；首席营销官克里斯·卡波塞拉（Chris Capossela），从小在波士顿北区长大，家里经营意大利餐馆，从哈佛学院毕业后即加入微软，比我早入职一年；凯文·特纳（Kevin Turner），沃尔玛的前高管，担任我们的首席运营官，并负责全球销售业务；沈向洋，卡内基－梅隆大学机器人专业的博士，负责微软著名的人工智能与研究事业部，也是计算机视觉与图像领域的世界级权威。

在史蒂夫·鲍尔默担任公司首席执行官期间，我也是高级管理团队的成员之一。我钦佩团队中的每一位成员，但我觉得我们应该加深彼此之间的了解，深入发掘每个人背后的激励因素，而作为领导者，我们也应该将人生哲学与各自的工作结合起来。我知道如果我们放下那些指向彼此的枪，并将我们的集体智慧与能量注入一种新的使命中，我们就可以重新找回最初激励比尔·盖茨和保罗·艾伦的梦想，即让先进计算机技术全民化。

就在我被任命为公司首席执行官之前，我们本土的橄榄球队西雅图海鹰队刚刚赢得“超级碗”的冠军。他们的故事让我们很多人受到了启发。海鹰队的教练皮特·卡罗尔（Pete Carroll）聘请专注于“正念”（mindfulness）训练的心理学家迈克尔·热尔韦（Michael Gervais）为球队提供培训，以提高球员的水平，这引起了我的注意。“正念”听起来颇有心灵禅修的意味，但其实二者是截然不同的。在海鹰队，热尔韦博士通过训练球员和教练员在场内外完全专注于追求卓越，使他们达到最高水准。同运动员一样，我们也处于高压环境中，所以我想我们团队也可以从热尔韦的方法中学到一些什么。

一个周五的清晨，我们高级管理团队的成员聚在了一起，只是这一次我们并没有把地点设在固定的行政会议室。相反，我们选择了办公区一角一个更为轻松的房间，那是软件和游戏开发人员经常光顾的地方，也是一个开阔通风、朴实无华的地方。这里没有以往的桌子和椅子，也没有摆放电脑的地方，因而不用盯着屏幕查看那些永无休止的邮件和新闻推送。我们把各自的手机也收了起来，或塞进裤兜，或放到手提包或背包中。我们坐在舒适的沙发上，围成一个大圈，彼此没有任何的隐藏。会议开始后，我要求在场的各位先不要发表意见，静待片刻。我满怀希望，但多多少少也有一些紧张。

在首堂正念训练课上，热尔韦博士问我们是否愿意先尝试一次特别的个人体验，大家全都点头表示同意。然后他要求我们中一人站出来当志愿者。结果没有人站出来，一时间房间里非常安静，气氛也非常尴尬。然后，我们的首席财务官埃米·胡德站了出来，她被要求背诵字母表，而且每个字母后面都要加入一个数字，即 A1B2C3……让热尔韦博士感到奇怪的是：为什么不是每个人都站出来呢？这是一个高绩效团队吗？不是刚才每个人都说要尝试一下特别的体验吗？由于没有手机也没有电脑可看，所以我们低头看自己的鞋子，或看着同事紧张地微笑。这些问题的答案着实让人难以说出口，虽然它们就在嘴边。或是出于担心：担心被嘲笑，担心失败，担心被认为不是这个屋子里最聪明的人。或是出于傲慢：我的位置太重要了，不屑于玩这种游戏。“这是多么愚蠢的问题”，我们习惯于倾听。

热尔韦博士一直给我们鼓励。在场的人终于松了一口气，并开始发出笑声。窗外，清晨灰蒙蒙的天空在夏日阳光照耀下渐渐亮起来。我们一个个开始讲话。

我们分享了个人爱好与人生哲学。我们被要求思考这样的问题：我们在工作和家庭中是谁？我们如何把工作角色和生活角色连在一起？大家谈到了精神寄托、天主教信仰、儒家教育，还分享了各自作为父母的种种艰辛，以及为打造人们在工作和娱乐中喜爱的产品所付出的不懈努力。在听他们讲述的时候，我意识到在微软这么多年，这还是我第一次听同事们谈论他们自己，而不仅仅是业务问题。环顾左右，我甚至发现有些人的眼里噙着泪水。

轮到我的时候，我打开埋在心底深处的情感，从头开始讲述我的故事。我回顾了我的人生：我的父母、我的妻子和孩子，还有我的工作。而走到今天这一步，是一个漫长的过程。我的思绪飞回了早年时期：一个在印度长大的孩子，一个移民美国的年轻人，一个丈夫，一个需要特别照顾的孩子的父亲，一名致力于让技术惠及全球数十亿人的工程师，以及一个板球迷，是的，很多年前我曾梦想成为一名职业板球选手。所有这些聚在一起，成就了我现在这个新的角色，它汇聚了我所有的热情、能力和价值观。这就如同我们面对的挑战需要凝聚所有人的力量，不仅包括这个房间里的人，还有在微软工作的每一个人。

我告诉他们，我们花太多的时间在工作上，所以工作应该有更深刻的意义。如果我们能够把个人的相信的价值与公司的长处结合起来，那么我们几乎就可以攻无不克了。从记事时起，我就一直渴望学习，比如从一行诗中学习，从与朋友的谈话中学习，或者从老师的讲课中学习。我的人生哲学和热情是长时间形成的，这个过程中还经历过各种各样的事情；我想把创意和对他人的同理心连在一起。创意令人兴奋，同理心则是我做事的核心准则。

具有讽刺意味的是，20 多年前，作为一个年轻人，我差点因为缺乏同理心而失去加入微软的机会。回想当时的面试过程，我记得先是接受了好几位工程师负责人一整天的面试，他们测试我的韧性和知识结构，然后是理查德·泰特（Richard Tait）的面试。在微软，理查德是一名很有前途的经理，后来创办了益智游戏公司 Cranium。他没有让我解答白板上的工程问题，也没有让我分析复杂的代码问题，甚至没有问我的工作经历和教育背景。他只是问了一个简单的问题。

“如果你看到一个婴儿躺在马路上哭，你会怎么做？”他问道。

“拨打 911。”我不假思索地说。

理查德送我走出办公室，然后揽着我的肩膀说：“小伙子，你需要更有同理心。如果一个婴儿躺在马路上哭，你应该把这个婴儿抱起来。”

不知为何，我还是得到了这份工作，但理查德的话我一直都没有忘记。当时我完全没有想到，我很快就会亲身体验什么叫作同理心。

在加入微软短短几年之后，我的第一个孩子扎因（Zain）出生了。我的妻子安努（Anu）和我都是家中的独生子女，所以你可以想象我们对扎因的出生是多么期待。在她的妈妈的帮助下，安努忙着添置房间设施，以迎接这个快乐、健康的小宝宝。当时我们主要考虑的还是安努何时休完产假、重返工作岗位的问题。作为一名建筑师，那时她的事业刚刚起步。同所有父母一样，我们想的是，孩子出生之后，我们的周末和假期会发生什么变化。

在怀孕 36 周的时候，有一天晚上安努发现胎动的频率比往常减少了。于是我们去了贝尔维尤当地一家医院的急诊室。我们原以为这只是一次例行检查，多是出于新手父母的一种忧虑。实际上，我清楚地记得在急诊室等候的时候，我心里很不耐烦。但检查之后，医生立即安排了紧急剖宫产手术。1996 年 8 月 13 日 23 时 29 分，扎因出生了，体重只有 3 磅（1.36 千克）。他一声不哭。

扎因被从贝尔维尤医院转到西雅图儿童医院，中间横跨华盛顿湖，然后被安排住进了该医院最先进的新生儿特护病房。安努的身体还在恢复阶段。扎因出生当晚我都在陪她，第二天一早立即赶去看望扎因。当时我并不知道扎因的出生会对我们的生活产生多大影响。在接下来的几年里，我们了解到了更多有关胎儿宫内窒息所造成伤害的信息，而由于重度大脑性瘫痪，扎因将来会需要一辆轮椅，会依靠我们生活。我受到极大的打击。但我更伤心为什么我和安努会遇上这样的事情。庆幸的是，安努帮我认识到重点不是我受到什么打击，而是要深入理解扎因的遭遇，对他的痛苦和处境抱以同理心，同时肩负起我们作为父母的责任。

丈夫和父亲这两种角色将我带上了一条情感之旅。它帮我更深刻地理解各式各样的人，以及爱与人类的聪明才智所能达成的一切。在这段旅程中，我还第一次接触到了释迦牟尼的教义。我并不是一个特别笃信宗教的人，不过我想寻找意义，让我感到好奇的是，佛陀虽然出生于印度，但他在这个国家的信徒却非常之少。我发现佛陀一开始的动机并不是创建一种世界宗教，而是去理解为什么人生会有这么多痛苦。我认识到，只有经历过人生起伏，才能培养起同理心；要想不受苦受难，或者少受苦受难，就必须接纳无常。我还清楚地记得早年扎因的“永远不会变好”给我带来的困扰。然而，事情总是在变化的。如果你能够深刻地体会无常，那么你会获得更多的宁静，你不会因为人生中的起起落落而反应过于激烈。而只有到那时，你才能对周围的事物产生深深的同理心和慈悲心。我内心住着的科学家热爱这种简洁扼要的人生设定。

不要误会我的意思。我无论如何也谈不上完美，而且毫无疑问，也没有到达接近大彻大悟或涅槃的境界。只是人生的历练帮我慢慢建立起同理心，我学会以同理心面对我遇到的每个人。我对残疾人抱以同理心，对在城市贫民区和锈带谋生的人们抱以同理心，对亚非拉发展中国家的人们抱以同理心，对努力获取成功的小企业主们抱以同理心，对任何因肤色、信仰或恋爱对象而遭受暴力和仇恨攻击的人抱以同理心。我希望将同理心置于我所追求的一切的中心——从我们发布的产品到新进入的市场，再到员工、客户和合作伙伴。

当然，作为一名技术人员，我见识了计算在改善生活方面所扮演的关键性角色。在家中，扎因的言语治疗师和三名高中生一起打造了一款 Windows 应用，帮助扎因控制他想听的音乐。扎因喜欢音乐，而且涉猎广泛，涵盖不同的时代、类型和艺术家。从莱昂纳德·科恩（Leonard Cohen）到阿巴乐队（ABBA）再到努斯拉特·法塔赫·阿里汗（Nusrat Fateh Ali Khan），他都喜欢。他希望在任何时候都能按照艺术家列表在房间里播放自己想听的音乐。但问题是，他自己无法播放音乐，只能等待别人的帮助，这让他感到沮丧，也让我们感到沮丧。听闻这一消息后，三名学习计算机科学的高中生表示愿意提供帮助。现在，扎因的轮椅一侧安装着一个传感器，他可以轻松地用头触发这个传感器，然后浏览音乐合集。你可以想象，这三名青少年的同理心给我的儿子带来了多大的自由和快乐。

同理心也让我在工作中得到启发。回到我们的高级管理团队会议，在结束讨论之前，我分享了微软刚刚完成的一个项目。同理心加上新的创意，帮助我们开发了一项视线跟踪技术：这是一个突破性的自然用户界面，可以让罹患肌萎缩侧索硬化症（简称 ALS，俗称“渐冻人症”）和大脑性瘫痪的人获得更多的独立性。这个创意出现在公司首次举办的员工黑客马拉松[①]（hackathon）上，许多绝佳的创意和梦想都从这里开始。在与美国职业橄榄球联盟前球员、ALS 患者、只能依靠轮椅出行的史蒂夫·格利森（Steve Gleason）相处的过程中，我们的一支黑客马拉松团队渐渐培养出同理心，进而研发出该项技术。同扎因一样，科技也改善了史蒂夫的日常生活质量。真的，我知道这项技术对史蒂夫意味着什么，对世界上的数百万人意味着什么，对我的儿子意味着什么。

我们在高级管理团队中的角色自那天开始发生了变化。每一位领导者不再仅仅是微软的员工，他们有了更崇高的使命，即在微软实现自己的热情，进而赋能他人，让别人更有能力，享有更大的自由。这是一个既激动人心又令人精疲力

① 黑客马拉松的概念源自美国，随着智能手机风行，黑客马拉松逐渐成为插件开发的主要形式：一群高手云集一堂，几十个小时里开发出一款插件，累了或坐或卧，现场休息，做完当场交作品，是“世界上最酷的开发者狂欢”。——编者注

竭的日子，但它定下了新的基调，促使一个更加团结的领导团队行动起来。当天结束时，我们都有了一个深刻认识：没有任何一名领导者、任何一个团队或任何一名首席执行官能够成为微软复兴的英雄。微软要实现复兴，靠的是我们所有人以及我们所有人的努力。文化转型是缓慢而艰难的，但也是值得的。

*

这是一本关于转型的书，既包括现在我个人的转型，也包括当下我们公司的转型，而背后的驱动因素则是同理心以及赋能他人的意愿。但最重要的，这是一本关于变革的书，它涉及生活的方方面面；我们将见证有史以来最具颠覆性的技术变革浪潮，它涵盖人工智能、混合现实和量子计算等。这是一本关于人、组织和社会在不断追求新能量、新理念、新的连接和突破的过程中如何转型且必须转型的书，就是我们所说的“点击刷新”。这本书的核心是人，以及人独有的品质同理心；在一个技术激流以前所未有之势颠覆现状的世界里，同理心比以往任何时候都显得珍贵。奥地利神秘主义诗人赖内·马利亚·里尔克（Rainer Maria Rilke）曾经写道：“未来走到我们中间，为了能在它发生之前，就先行改变我们。”就像简洁的代码可以驱动机器，存在主义诗句也可以给予我们启发和指引。里尔克在20世纪就告诉我们，未来早就存在于我们中间，就取决于我们现在选择的路线。这个路线和这个选择就是我接下来要在书中描述的。

在本书中，你会发现三条明显的叙事主线。在作为开场白的第一条主线中，我将分享我从印度到美国的转变历程，包括我在美国中西部、硅谷，然后进入当时正在快速成长的微软。第二条主线着重叙述我作为继比尔·盖茨和史蒂夫·鲍尔默之后的第三任首席执行官，在微软采取的“刷新”行动。在我的领导下，微软的变革还未完成，但我为我们所取得的进步感到自豪。在第三条也就是最后一条主线中，我将论述即将到来的第四次工业革命，在这次工业革命中，机器智能将会匹敌人类智能。我还将探讨一些令人激动的大问题，例如：人类的角色会变成什么？不平等是会得到解决还是趋于恶化？政府如何提供帮助？跨国公司及其领导者的角色是什么？我们的社会如何点击刷新？

我很兴奋写这本书，但多多少少也有一些犹豫。谁会真正关心我的人生？我担任微软首席执行官才短短几年的时间，现在就写我们取得的成功或遭遇的失败，总感觉为时尚早。自那次高层管理会议以来，我们已经取得了很多进步，但我们依然还有很长的路要走。这也是我对撰写回忆录不感兴趣的原因。我要留到耄耋之年再写。但后来，有若干理由改变了我的想法，让我在人生这个阶段挤出一些时间来写这本书。我觉得我有责任从个人角度讲述我们的故事。

同时，这是一个突破性技术剧烈改变社会和经济的时代。云计算、传感器、大数据、机器学习、人工智能、混合现实和机器人技术等高科技的结合，预示着科幻小说中描述的社会经济变革的到来。对于这波智能技术浪潮的隐藏含义，目前尚存在广泛争议。一方面，皮克斯影片《机器人总动员》（*WALL-E*）描述了机器人承担辛苦工作而人类获得彻底解放的故事；但另一方面，史蒂芬·霍金（Stephen Hawking）等科学家又发出了人类可能走向灭亡的警告。

写这本书最有说服力的一个理由，就是我想写给我的同事也就是微软的员工看，写给我们的几百万客户和合作伙伴看。毕竟，在 2014 年 2 月的那个寒冷日子里，微软董事会宣布我将出任首席执行官后，我把改造公司文化列为首要任务。我说我们要重新发现微软的灵魂，重新发现我们存在的理由。我认识到我的主要任务是管理我们的文化，唯有如此，微软 10 万名充满创造力的员工才能更好地塑造我们的未来。领导者写书通常是在任期结束之后，而不是在"大战的迷雾中"。但是，如果我们能一同分享这一历程，分享一名尚处于大转型中的在任首席执行官的个人思考，那会怎么样？微软的根、微软最初存在的理由，就是推动计算技术的大众化，让每一个人都能使用它。“让每个家庭、每张办公桌上都有一台电脑”是我们最初的使命。它定义了我们的文化。但很多事情已经发生了变化。现在几乎每个家庭、每张办公桌上都有了电脑，大多数人也都有了智能手机。我们在很多领域取得了成功，但也在太多方面落后。我们的个人计算机销量增速放缓，在移动业务领域也被抛在后面。我们在搜索业务上落后，亦需重振游戏业务。我们要建立起对客户的同理心，满足他们未提及的和未被满足的需求。现在，是时候点击刷新了。

作为一名在微软工作了 25 年的工程师和领导者，在公司寻找新的首席执行官的过程中，我的内心并不焦虑。坦白地讲，即便有传言称某人将接替史蒂夫，安努和我基本上也不会理会。在家中，我们忙于照顾扎因和我们的两个女儿。在工作中，我全力打造公司的高竞争力业务——微软云。我的态度是，董事会会挑出最佳人选。如果这个人是我，那太好了；但我也同样乐意为董事会所信任的人工作。事实上，在面试过程中，一名董事会成员建议，如果我想成为首席执行官，那我必须清楚地表达我的渴望和企图心。我想过这个问题，甚至还同史蒂夫谈起过。他笑着说了句“现在改变太迟了”。是的，我根本就没有那种个人野心。

2014 年 1 月 24 日，时任首席独立董事、首席执行官遴选负责人约翰 · 汤普森（John Thompson）给我发了一封电子邮件，说找时间谈一谈，但我并不知道是什么事情，我以为他会给我一些关于董事会决策进展之类的信息。当天傍晚约翰打来电话时，首先问我是不是坐着的。我说没有坐着。事实上，和往常在工作中打电话一样，我正摆弄着一个板球。他接着说我将成为微软新的首席执行官。我用了好几分钟来消化这个信息。我说我备感荣幸，愧不敢当。虽然我兴奋得语无伦次，但这恰恰是我当时的真实感受。几个星期后，我对媒体表示，我们需要进一步明确重点、加快速度，并将继续推进文化和业务转型。但我心里清楚，要实现高效领导，就必须搞清楚几个问题，并最终让所有在微软工作的人都搞清楚这些问题。微软为什么存在？我为什么担任这个新的角色？这是任何一个组织中的任何一个人都应该自问的问题。我担心的是，如果不问这些问题，不真实回答这些问题，我们可能会延续之前的错误，甚至会失去真诚。每一个人、每一个组织乃至每一个社会，在到达某一个点时，都应点击刷新——重新注入活力、重新激发生命力、重新组织并重新思考自己存在的意义。如果这像点击浏览器上那个小小的“刷新”按钮那么简单就好了。当然，在时下这个持续更新和永远在线的技术时代，点击刷新是一个少见的创意，但只要做得正确，只要人和文化重建、再生了，那么结果就是复兴，比如体育专营，比如苹果，比如底特律。将来有一天，当脸谱网等成长型公司停止增长时，它们也需要点击刷新。

现在让我从头讲起，讲我自己的故事。我的意思是，什么样的首席执行官会首先问及诸如“为什么我们存在”这样的存在主义问题？为什么文化、信念和同理心等概念对我如此重要？言归正传，我父亲是一名倾向马克思主义的公务员，我母亲是一名梵语学者。我从父亲那里学到了很多，包括求知欲和对历史的爱好等，也在母亲的呵护下，过着快乐、自信和没有遗憾的生活。母亲在家里任劳任怨，在大学课堂上也是兢兢业业，讲授印度的古代语言、文化和哲学。她让家里充满欢乐。

即便如此，我早年的记忆里依旧满是母亲为维持职业和婚姻所做的种种努力，她是我生命中永恒的、坚定的力量。而父亲算是个传奇人物。他差点去了美国，那是一个代表着机遇的遥远地方；当时他获得的是富布赖特奖学金，准备攻读经济学博士学位。但当他加入印度行政服务局（IAS）后，赴美求学的计划无疾而终，这是可以理解的。那是 20 世纪 60 年代早期，在甘地领导的具有历史意义的印度独立运动之后，贾瓦哈拉尔·尼赫鲁（Jawaharlal Nehru）成为印度脱离英国独立之后的第一任总理。对那一代人来说，加入公务员系统、成为一个新生国家的一部分是他们真正的梦想。1947 年，英国向印度移交了这个国家的统治权。本质上讲，印度行政服务局是英国统治印度的旧制度的残留体系。那时，每年加入印度行政服务局的年轻专业人士只有 100 名左右，所以我父亲在很年轻的时候就管理着一个拥有数百万人口的行政区。我小的时候，他在印度安得拉邦的很多行政区都担任过职务。我记得我们不停地搬家。在 60 年代和 70 年代初，我成长在旧时殖民建筑里，有偌大的空间和很多的闲暇时间；同时，我也成长在一个正在转型的国家中。

在此期间，我的母亲尽职尽责，一方面努力维持着她的教职工作，另一方面照顾着家庭，做一个尽心的母亲和贤淑的妻子。在我 6 岁的时候，我 5 个月大的妹妹夭折了。这对我和我们的家庭都产生了巨大的影响。之后，我母亲不得不放弃自己的工作。我觉得我妹妹的死是压倒她的最后一根稻草。失去了女儿，再加上要抚养我，还要工作，而我父亲又在异地，这对母亲来说压力太大了。她从来没有向我抱怨过这些，但我经常回想起她的故事，尤其是在当下技术行业众声喧哗的背景下。同所有人一样，她希望拥有这一切，而且她也应该拥有这一切。但她所处的职场文化，再加上当时印度的社会规范，使得她无法平衡家庭生活与职业追求。

对印度行政服务局系统的孩子来说，他们的父亲都经历过激烈的竞争。有的父亲在通过令人痛苦的印度行政服务局的考试之后，就可以衣食无忧：再也不参加其他考试。但我的父亲不同，他认为通过印度行政服务局的考试只是参加其他更重要的考试的一个起点。他是一个典型的终身学习者。不过，与同时代大多数印度行政服务局系统的孩子相比，我的父母并没有给我施加那种强大的人生压力。我母亲走的是与所谓的“虎妈”截然不同的路线。她从不给我任何压力，只想让我快乐生活。

这种教育方式非常适合我。小时候，除了板球运动之外，我几乎对其他任何事情都不感兴趣。有一次，父亲在我的卧室里挂了一幅卡尔·马克思的画像；作为回应，母亲在我的卧室里挂了一幅印度司掌财运的吉祥天女拉克希米的画像。这种信息对比非常明确：父亲希望激发我的求知欲，而母亲则希望我过得快乐，不拘泥于任何教条。我的反应呢？我唯一想挂的就是板球英雄、海得拉巴巨星 M. L. 贾伊西姆哈（M. L. Jaisimha）的海报，他有一张帅气的娃娃脸，场上场下都十分优雅。

回望过去，我既受到了父亲追求知识的热情的影响，也受到了母亲追求生活平衡的梦想的影响。而直到今天，板球依然是我的爱好。板球虽然起源于英国，但在印度最为盛行。在海得拉巴上学时，我是学校板球队的成员；海得拉巴有板球传统，对板球充满热情。我是旋转投手，相当于棒球中以曲线球见长的投手。全球范围内，板球球迷约有25亿人，棒球球迷要少得多，只有约5亿人。板球和棒球都是优美的运动，都有着充满激情的球迷，都是优雅的、令人兴奋的复杂赛事。约瑟夫·奥尼尔（Joseph O'Neill）在其小说《地之国》（*Netherland*）中对板球赛事之美进行了描述，11名球员协调一致地冲向击球手，然后又一次次地回到他们的起点，"一种重复或是肺部运动，就仿佛这片场地通过闪耀的选手进行呼吸"。如今，当我作为一名首席执行官思考如何打造成功的企业文化时，我会想起关于板球队的这个比喻。

我在印度的很多地方上过学，包括斯里加古兰、蒂鲁伯蒂、穆索里、德里和海得拉巴等。每个地方都给我留下了深刻印象，至今难以忘怀。比如穆索里，这是位于印度北部地区的一个城市，坐落在喜马拉雅山山脚下，海拔约 6000 英尺（约 1800 米）。每当我从贝尔维尤家中看到雷尼尔山时，就会想起儿时的楠达德维山和本德尔本杰山。我是在耶稣和玛利亚女修道院（Convent of Jesus and Mary）上的幼儿园，它是印度历史最悠久的女子学校，但在幼儿园阶段也接纳男孩。到我 15 岁时，我们家不再搬来搬去，我读的是海得拉巴公立学校（Hyderabad Public School），这里有来自印度各地的寄宿生。感谢过去那些不断搬家的日子，让我学会很快适应新环境。海得拉巴是一个对我的成长产生了深远影响的地方。在 20 世纪 70 年代，海得拉巴还是一个偏僻的地方，远不像现在是一个拥有 680 万人口的大都市。当时，我并不知道也不关心孟买以西、阿拉伯海以外的世界。海得拉巴这所寄宿学校是我人生中最重要的一个转折点。

在海得拉巴公立学校，我分在那烂陀学院（Nalanda），又称蓝楼学院，它是以一所古老的佛教大学命名的。这是一所多元文化学校，穆斯林、印度教徒、基督教徒和锡克教徒等都在一起生活和学习。在就读该校的学生中，有的来自社会精英家庭，有的来自内陆地区部族，但他们有奖学金支持。邦长的儿子和宝莱坞演员的孩子也在这里读书。我的舍友们来自印度不同的经济阶层。那是一种了不起的平等，也是一个值得铭记的时刻。

只要看看海得拉巴公立学校的校友，就可以了解这所学校的成功：山塔努·纳拉延（Shantanu Narayen），奥多比公司（Adobe）首席执行官；彭安杰（Ajay Singh Banga），万事达卡（MasterCard）首席执行官；赛义德·B. 阿里（Syed B. Ali），凯为网络（Cavium Networks）负责人；普雷姆·瓦特萨（Prem Watsa），多伦多枫信金融控股公司（Fairfax Financial Holdings）创始人；以及很多议会领导人、电影明星、运动员、学者和作家等，都出自这所偏僻的小型学校。我的学习成绩并不突出，这所学校也并非以致力于提升学生成绩而著称。如果你喜欢学物理，那就学物理；如果你觉得科学过于乏味，想学历史，那就学历史。在这里，你感受不到那种强大的来自同龄人的压力。

就读海得拉巴公立学校几年之后，父亲去了联合国驻曼谷的机构工作。他不放心我这种漫不经心的态度。他说："我打算把你带出去，你得在曼谷的某所国际学校读十一年级和十二年级。"我说不行。于是，我继续待在海得拉巴。当时每个人都想："你疯了吗？为什么不去？"但让我离开是不可能的。在那个时候，板球在我心中占有很重要的位置。就读这所学校给我留下了人生中最美好的一些记忆，也给了我很多信心。

在十二年级的时候，如果你问我有什么理想，我会说我要上一所普通大学，为海得拉巴板球队效力，并最终在银行谋一份差事。就这些。我从未想过要成为一名工程师，也从未想过要去西方国家。母亲对我的这些计划感到满意。“这太好了，儿子！”她说。但父亲立刻采取行动。他说：“你必须离开海得拉巴，否则你会毁了自己。”当时看，这是一个好建议，但几乎没有人预料到海得拉巴会成为今天这样的技术中心。我很不愿意离开我的朋友圈子，但父亲是对的。我的抱负还只是停留在邦一级的层面上。我需要改变一下角度。板球是我的爱好，但计算机是紧随其后的爱好。在我 15 岁的时候，父亲从曼谷给我买了一台辛克莱 ZX 光谱（Sinclair ZX Spectrum）计算机套件。该套件采用的 Z80 CPU（中央处理器）是由一名从英特尔离职的工程师在 20 世纪 70 年代中期开发的；这名工程师原来在英特尔从事 8080 微处理器方面的开发，而讽刺的是，比尔 · 盖茨和保罗 · 艾伦正是利用该芯片编写的微软 BASIC（一种给初学者使用的程序设计语言）的原始版本。受 Z80 启发，我开始思考软件、工程乃至个人计算技术的普及化等问题。如果连印度一个小地方的孩子都可以学习编程，那么其他人就更不用说了。

我未能通过印度理工学院的入学考试。当时，这所学院是印度中产阶级家庭孩子的理想求学圣地。对于这一结果，从未在任何考试中失利的父亲觉得更多的是好笑而不是恼怒。幸运的是，我在工程学方面还有其他两个选择：一个是迈斯拉的伯拉理工学院（BIT Mesra），专业是机械工程；另一个是马尼帕尔理工学院（Manipal Institute of Technology），专业是电机工程。我选的是后者，因为从直觉上讲，电机工程更接近于计算机和软件。我的直觉是正确的。学术上，马尼帕尔理工学院让我走上了一条通往硅谷并最终进入微软的道路。大学期间结交的朋友，个个充满创新精神，有活力，有抱负，我从他们身上学到了很多东西。事实上，多年之后，我在加利福尼亚的桑尼维尔租了一栋房子，同住的就是来自马尼帕尔理工学院的 8 名同学，我们重温了大学期间的宿舍生活。但在体育上，我在马尼帕尔理工学院留下了太多遗憾。板球已经不再是我最大的爱好，我为校队打过一次比赛，但之后就搁置了。计算机取代板球成为我生命中最重要的事情。在马尼帕尔理工学院，我专攻微电子学即集成电路，并学习制造计算机的基本原理。

拿到电机工程学士学位之后要做什么，我真的没有认真想过。关于母亲的人生哲学，我有很多话要说。这种哲学影响到了我如何思考自己的未来和机遇。她始终认为，人要依照自己的意愿去做事，并遵循自己的节奏。当你依照自己的意愿做事时，节奏就上来了。只要是你喜欢的事，用心去做，把它做好，而且保持正当的目标，生活就不会辜负你。这对我一生都大有裨益。大学毕业后，我有机会前往孟买就读当地一所知名的工业工程学院。另外，我也申请了美国的几所大学。那时候，学生签证存在一些风险，不过坦白讲，我希望我被拒签。我根本不想离开印度。但也许是命中注定，我获得了签证，并再次面临选择：是留在印度攻读一个工业工程硕士学位，还是前往威斯康星大学密尔沃基分校（UWM）攻读电机工程硕士学位。当时我的一位好朋友正在威斯康星学习计算机科学，于是我决定也去威斯康星，攻读计算机科学硕士学位。我为自己的决定感到高兴，因为那是一个小的院系，教授倾力培养学生。我特别感谢当时的系主任瓦拉万（Vairavan）博士和我的硕士生导师侯赛尼（Hosseini）教授，他们向我灌输的理念是，在计算机科学中，不要追求那些容易做到的事情，而要致力于克服那些最大的难题。

如果有人让我在地图上指出密尔沃基的位置，我肯定做不到。但在1988年21岁生日的那天，我从新德里飞往芝加哥奥黑尔机场。一位朋友在机场接上我，开车把我送到学校。我记得那里很安静，一切都很安静。密尔沃基是一个迷人而质朴的地方。我当时就想，天哪，这真是人间天堂。那是一个夏天，一个美丽的夏天，我在美国的生活开始了。

夏去冬来。对一个来自印度南部的人来说，威斯康星的寒冬是不容小觑的。那个时候我还吸烟，而所有的吸烟者都必须到室外吸。学生们来自世界不同地区。印度学生无法忍受这种严寒，于是我们就戒烟了。然后，我的中国朋友也戒了。但俄罗斯人不怕严寒，他们仍然到室外吸烟。

当然，同所有孩子一样，我也会想家。不过，美国是个热情友好的国家。在其他任何地方，我认为我都不可能走到今天这一步，而现在，我可以自豪地说我是一名美国公民。回过头来看，我想我的故事可能会给人一种步步规划的感觉。一个印度公务员的儿子，通过努力获得工程学位，移民美国，并在技术领域获得成功。但事实并没有这么简单。与固化思维下的想象不同，我的学习成绩并不是特别突出。我读的不是顶尖的印度理工学院，如今该学院已成为打造硅谷精英的代名词。像我这样的人，只有在美国才有机会证明自己，而不会受毕业学校的影响。无论是早期的移民还是将来的移民，我觉得都是如此。

同其他很多人一样，我的好运气也源于翻天覆地的若干变革：印度从英国的统治下独立；美国民权运动改变了美国的移民政策；全球的技术大繁荣。印度独立后大规模加大教育投资，让印度国民大受裨益，我就是一个例子。在美国，1965 年的《移民及归化法案》（Immigration and Naturalization Act）废止了国家配额的限制，使得技术人才有机会移民美国，并贡献自己的力量。在此之前，每年只有大约 100 名印度人被允许移民美国。历史学家特德·威德默（Ted Widmer）在移民法案通过 50 周年之际给《纽约时报》写过一篇文章，指出该法案让大约 5900 万人移民美国。但这一移民潮并不是不受限制的。该法案优先考虑的是那些接受过技术训练的人，以及家人已在美国的移民。我就这样不知不觉地收到了这份大礼。正是这些运动，让我这样一个拥有软件技能的人在 20 世纪 90 年代技术繁荣之前来到美国，说起来就像是中了彩票。

在威斯康星的第一个学期，我学习图像处理和 LISP（列表处理语言），前者是一门计算机体系结构课，后者是最悠久的计算机编程语言。一开始的作业任务就是庞大的编程项目。我可以写一些代码，但无论从哪方面讲，我都不是一名熟练的编码员。我知道在美国的刻板印象中，移民美国的印度人天生都擅长编码，但我们所有人都有一个起步的过程。布置下来的任务，基本就是写代码。这对我来说很难，但必须迅速跟上。一旦下定决心去做，结果就很惊人了。我很早就知道微型计算机将会改变世界，而起初我以为这可能就是开发芯片。我的大部分大学朋友都从事芯片设计工作，服务的也都是具有真正影响力的大公司，比如明导国际（Mentor Graphics）、新思科技（Synopsys）和瞻博网络（Juniper）等。

对于计算机科学的理论方面，我尤感兴趣。本质上看，它讲的是如何在充满高度不确定性的环境中以及限定时间下快速做出决策。我重点关注的是一个计算机科学难题：图着色。我说的可不是用彩笔给图着色。图着色是计算复杂性理论的一部分，你需要在特定限制条件下将标签即传统意义上的颜色分配到图的各个图元。不妨设想一下：给美国地图着色，要求相邻的州不能用同一颜色标示。那么，要完成这一任务，你最少需要多少种颜色？我的硕士论文写的就是，在不确定性多项式时间下或NP完全（NP-complete）下，探求完成复杂图着色的最佳启发法。换句话说，我如何以一种又快又好的方式（但未必是最优方式）解决一个有着无限可能性的问题？我们是应该竭尽所能立即解决这个问题，还是应该一直寻找最佳解决方案?

理论计算机科学之所以能深深吸引我，是因为它展示了今天计算机工作的极限。由此，我迷上了数学家、计算机科学家约翰·冯·诺伊曼（John Von Neumann）和艾伦·图灵（Alan Turing），同时也迷上了量子计算。关于量子计算，在后面讨论人工智能和机器学习时我会展开论述。你可以想象，这对首席执行官是极好的训练，即在限定条件下实现敏捷管理。

我在威斯康星完成了我的计算机科学硕士学位课程，期间甚至还谋了一份差事，在一家被微软称为“独立软件供应商”的公司就职。在写硕士论文期间，我还为甲骨文数据库开发相关应用。我擅长关系代数，精通数据库和结构化查询语言（SQL）编程。20 世纪 90 年代初，技术正从 UNIX（一种多用户、多任务操作系统）工作站的字符或文本模式转向 Windows 等图形用户界面。我当时甚至都没有考虑过微软，因为我们从未用过个人计算机。我关注的重点是功能更强大的工作站。

事实上，1990 年我离开密尔沃基前往硅谷，第一份工作就是在太阳微系统公司（Sun Microsystems）工作。太阳微系统公司是工作站之王，而工作站也是微软曾致力开发的市场。该公司拥有很多高级人才，包括创始人斯科特·麦克尼利（Scott McNealy）和比尔·乔伊（Bill Joy）；Java（一种面向对象编程语言）发明人詹姆斯·高斯林（James Gosling）；曾在微软负责软件开发的副总裁埃里克·施密特（Eric Schmidt），施密特离开微软后去了网威（Novell），后又负责谷歌运营。

我在太阳微系统公司的两年是计算机业务大转折的两年。当时，太阳微系统公司艳羡微软的 Windows 图形用户界面，而微软则艳羡太阳微系统公司优美、强大的 32 位工作站和操作系统。我再一次在对的时间出现在了对的地方。太阳微系统公司让我开发电子邮件工具等桌面软件。后来，我被派到马萨诸塞州的剑桥，与莲花公司（Lotus）一道，将该公司的电子表格软件接入太阳微系统公司的工作站。接着，我注意到一个令人担忧的事情。每隔几个月，太阳微系统公司都想采取一种新的图形用户界面策略。这意味着我要不断地修改我的程序，而公司方面的解释也越来越没有意义。我意识到，尽管有着非凡的领导层和卓越能力，但是太阳微系统公司难以建立和坚持一个清晰的软件策略。

到 1992 年时，我再次站在了人生的十字路口。我想从事能够改变世界的软件工作。我也想重回研究生院攻读

MBA（工商管理硕士）课程。而且，我想念安努，我想娶她，想带她来美国，那时她在马尼帕尔攻读建筑学学位课程。在双方父母的祝福下，我们开始筹划她来美国的行程。

同之前一样，我没有任何总体规划。但某天下午，从华盛顿州雷德蒙德市打来的电话，给我带来了一个新的、意想不到的机会。又到点击刷新的时候了。

*

11 月，太平洋西北地区。在一个寒冷的日子里，我首次来到微软园区，进入一栋并不起眼的办公楼；这栋办公楼的命名也缺乏想象力，叫 22 号楼。楼的周边是高耸的花旗松，即便从毗邻的华盛顿州 520 号公路望去，仍难窥其貌，而这条公路最知名的就是有一座连接西雅图和雷德蒙德的浮桥。那是 1992 年，微软的股价刚刚开始呈现大幅上涨趋势，但公司创始人比尔 · 盖茨和保罗 · 艾伦走在大街上还不会被人认出。那时，Windows 3.1 刚刚发布，为 Windows 95 和更宏大的消费技术产品奠定了基础。索尼（Sony）引入 CD-ROM（紧凑型光盘只读储存器）；全球第一个网站启动时，距离互联网成为时代浪潮尚有两年的时间。梯希爱（TCI）引入数字有线，美国联邦通信委员会（FCC）批准数字无线电。从图表上看，个人计算机销量开始呈现急剧增长趋势。现在回过头来看，再也没有比那时候更好的时机了。资源、人才和愿景都已具备，且将引领行业的发展。

从印度到威斯康星的研究生院，到硅谷的太阳微系统公司，再到雷德蒙德，这就是我的人生之旅。在那个夏天，25岁的我成为微软的一名员工，从事 Windows NT 方面的工作。Windows NT 是一个 32 位操作系统，旨在将公司广受欢迎的消费者程序扩展到更强大的商业系统中。几年之后，Windows NT 成为未来 Windows 版本的中坚。即便是今天的 Windows 版本——Windows 10 也是建立在 Windows NT 的原始架构之上。我在太阳微系统公司工作时就已听过 Windows NT，但从未用过。我的一名同事参加过微软的一次会议，见过微软向开发者展示的 Windows NT。他回来后跟我提到这个产品。我当时就想，我得认真考虑一下了。我希望在一个具有真正影响力的地方工作。我是由理查德·泰特和杰夫·特珀（Jeff Teper）招入微软的，当时他们想找一个懂 UNIX 和 32 位操作系统的人。我那时还不太确定微软会不会要我。我真正想去的是商学院。我知道管理会与我接受的工程训练形成互补，而且我还想转行到投行业。我已经在芝加哥大学（University of Chicago）注册了全日制课程，但特珀说：“你必须立即加入我们。”我决定两者兼顾。我可以把我在芝加哥大学的课程转为非全日制课程，但从未告诉任何人我会在周末飞去芝加哥。两年之后，我完成了我的 MBA 课程，我很高兴能做到这一点。工作日，我带着沉重的康柏电脑飞往美国各地拜访客户，这些客户通常是公司的首席执行官，比如佐治亚太平洋和美孚（Mobil）等公司，说服他们使用我们推出的新的、更强劲的和更高级的操作系统。在芝加哥，我报了高级财务课，更多的是学习数学而非工程学。我的老师包括史蒂夫·卡普兰（Steven Kaplan）、马文·佐尼斯（Marvin Zonis），以及其他很多有着传奇色彩的教职人员，他们讲授的策略、财务和领导力课程影响了我的思维以及我对知识的追求。在微软的日子是令人兴奋的。加入公司不久之后，我就见到了史蒂夫·鲍尔默，那也是我第一次见到他。他来到我的办公室，然后以其令人印象深刻的击掌方式庆祝我离开太阳微系统公司并加入微软。我们进行了第一次谈话；这些年来，我们还进行了很多这样有趣的和令人愉悦的谈话。那时，公司中有一种真正的使命感，充满了能量。天空是极限，一切皆有可能。

*

在 Windows NT 团队工作几年之后，我加入了由多才多艺的内森·米霍尔德（Nathan Myhrvold）建立的一个先进技术团队。聚集了里克·拉希德（Rick Rashid）和克雷格·蒙迪（Craig Mundie）等顶尖人才的微软正着力打造自施乐帕洛阿尔托研究中心（Xerox PARC）成立以来的最强大技术团队，施乐帕洛阿尔托研究中心被誉为硅谷的创新中心。我很高兴能被调入这个团队，并担任一个代号为“虎服务器”（Tiger Server）的项目的产品经理。这是一个开发视频点播（VOD）服务的重点项目。多年之后，有线公司才开始提供支持视频点播的技术和业务模式，网飞（Netflix）才将视频流打造成为主流。幸运的是，我就住在微软园区附近。这一神奇的宽带基础设施让我们的视频点播试验成为一种可能。所以，远在该技术商用化之前的1994年，我已经可以在当时居住的小公寓使用视频点播服务。我们只有15部影片，但我记得我看了无数遍。正当我们团队准备通过全交换异步传输模式（ATM）网络将“虎服务器”接入家庭时，突然发现我们的想法已经过时了，因为互联网出现了。

*

虽然全力投入工作，但我的内心还是充满混乱。加入微软之前我回过一次印度，当时我和安努已经决定结婚。我知道安努是我生命的全部。她父亲和我父亲是一起加入印度行政服务局的，而我们两家也是朋友。实际上，安努的父亲和我在板球上有着相同的爱好，我们在这方面有着说不完的话，而且一直持续至今。在中学和大学时，他都是校队的队长。至于我是在什么时候爱上安努的，就像计算机科学家所称的 NP 完全问题一样，我想过很多的时间节点和地点，但始终没有找到答案。换句话说，这是个复杂的问题。我们两家走得很近，社交圈子是一样的。我俩小时候就在一起玩，上的同一所学校。我家里那只讨人喜欢的狗是安努家里的狗生的。但我到美国之后，就和安努失去了联系。有一次我回印度时，我们再次相见。那时她在马尼帕尔读建筑学，是大学最后一年，并在新德里找到了一份实习工作。有一天晚上，我们两家一起聚餐，就在那个晚上，我比以往更坚定地认为她就是我生命中的那个人。我们有共同的价值观，共同的世界观，对未来也有共同的梦想。在很多方面，她的家人已经是我的家人，而我的家人也已经是她的家人。第二天，我让她带我去一家眼镜店，因为我想修一下我的眼镜。见面之后，我们在附近的洛迪花园（Lodi Gardens）边走边谈，不知不觉几个小时就过去了。洛迪花园是一个古建筑遗址，现在很受游客欢迎。作为一名学建筑的学生，安努很喜欢德里的历史遗址。于是，在接下来的几天里，我们一起参观遗址。所有这些遗址，我小时候都已经看过了，但这次不同。

我们在潘达拉路停下来吃饭，在国家戏剧学院尽情游玩，在可汗市场的书店买书。我们已经坠入爱河。1992 年 10 月的一个下午，在葱翠的洛迪花园，我向安努求婚。谢天谢地，安努答应了我。我们回到胡马雍路安努的住处，告诉她母亲这个消息。在两个月之后的 12 月，我们结婚了。那是一段快乐的时光，但移民问题很快就成了我们面临的挑战。

*

当时是安努攻读建筑学学位的最后一年。我们的计划是等她完成剩余课程就到雷德蒙德与我团聚。

1993 年夏，也就是在她完成学业的最后一个假期，安努申请了赴美签证。但她被拒签了，因为她嫁给了美国的一个永久居民。安努的父亲拜会了美国驻新德里总领事，并向他表示美国的签证政策有悖美国坚守的家庭价值观。基于他的说服力和美国总领事的善意，安努拿到了短期旅游签证，这是一个罕见的例外。假期结束后，她回到印度，回到校园，继续完成剩余课程。现在我们已经很清楚，基于美国的签证政策，安努重赴美国之路将会异常艰难。微软的移民律师告诉我，在现行规定下，安努需要 5 年乃至更长的时间才能进入美国。我准备辞掉微软的工作，返回印度。但我们的律师艾拉 · 鲁宾斯坦（Ira Rubinstein）说了一个很有趣的事情：

“嗨，或许你可以放弃你的绿卡，转而申请 H1B 签证。”他的建议是，我放弃永久居留权，然后重新申请临时的专业人员签证。如果你看过杰拉尔·德帕迪约（Gerard Depardieu）的影片《绿卡情缘》（*Green Card*），你就会知道在美国获得永久居留权是一个多么漫长的过程。那为什么我要放弃别人梦寐以求的绿卡，转而寻求临时身份呢？按照 H1B 签证的规定，夫妻双方只要有一方在美国工作，其配偶就可以来美国。这就是这部移民法有悖常理的地方所在。我没有其他办法。安努是排在第一位的。这样一来，我的决定就很简单了。

1994 年 6 月，我去了位于新德里的美国驻印度大使馆，穿过漫长的等待签证的人群，告诉工作人员我要归还我的绿卡，然后申请 H1B 签证。他完全愣住了。“为什么？”他问。我向他讲述了这个荒唐的移民政策。他摇了摇头，然后给了我一张新表格。“填一下。”他说。第二天早上，我再次去申请 H1B 签证。一切都出奇的顺利。安努随我来到西雅图。在那里，我们将建立一个家庭，开始共同生活。

令我意想不到的是，我的事情很快就传遍了整个园区。“看，他就是那个放弃绿卡的家伙。”每隔一天，就会有人给我打电话，向我寻求建议。后来，我的同事库纳尔·巴尔

（Kunal Bahl）因为 H1B 签证到期、绿卡未能按期获批而从微软离职。他回到印度创建了电商公司 Snapdeal，现在市值已超过 10 亿美元，员工有 5000 人。讽刺的是，Snapdeal 等基于云计算的在线公司将会在我未来的生活和微软未来的发展中扮演重要角色。我在印度所学到的经验教训将会继续塑造我现在的生活。

HIT REFRESH

02

领导力的刷新

透过微软“视窗”去看“云”

我迷恋板球，无论在什么地方，这一优美的运动都会出现在我的脑海里。喜悦，回忆，戏剧性，复杂性，跌宕起伏……板球有无限的可能性。

对于那些不熟悉板球的人，我来解释一下：板球是一项国际体育运动，球场为大型椭圆形绿色球场，球季在夏季和初秋。该运动在现英联邦国家和前英联邦国家最受欢迎。同棒球一样，板球的投球手将球掷向击球手，后者击球，并尽可能多地获得跑分。两项运动都设有投球手和击球手，棒球为菱形场，板球为三柱门，外场手尽力让击球手出局。是的，按照不同规则，板球比赛会持续数天，棒球队则需要赢下 3 局、5 局乃至 7 局比赛。这两项运动的规则都极其复杂，但简而言之，就是得分最多的球队获胜。这并不是一本描述板球细节的书，但会涉及板球和企业之间的隐喻关系。

和大多数南亚人一样，我也在不知不觉中爱上了这一颇具英国特色的运动。那些在印度南部的德干高原简陋而尘土飞扬的三柱门球场上举行的赛事令我终生难忘。

在赛场上，我学到了很多；作为投球手、击球手和外场手，我有成功也有失败。即便在今天，我也会禁不住去想板球规则的微妙之处，以及 11 人团队团结一心时的那种优雅。

在我小时候，作为公务员的父亲曾带我去过安得拉邦的区域总部和现在北阿坎德邦的穆索里山区。那时，板球远不像现在这样受到大众欢迎。今天，印度板球超级联赛 10 年的电视转播权就高达数十亿美元。但那时候，我就深深地迷上了板球；当时我 8 岁，我们举家搬到了海得拉巴，住在索玛吉古达街区一套租赁的房子里，房东阿里先生是一个优雅的、自豪的海得拉巴人。在他自己经营的汽车店工作时，阿里先生会戴上奥斯马尼亚大学的板球帽。对于 20 世纪 60 年代伟大的海得拉巴板球运动员，他如数家珍。有一次他带我去看海得拉巴队和孟买队之间的一场顶级赛，那也是我第一次去宏大的板球体育场——法塔赫广场观看比赛。那天，我完全沉浸在了充满魅力的板球比赛中。M. L. 贾伊西姆哈、阿巴斯·阿里·拜格（Abbas Ali Baig）、阿比德·阿里（Abid Ali）和穆塔兹·侯赛因（Mumtaz Hussain）等运动员成为我心目中的英雄。孟买队一方有苏尼尔·加瓦斯科尔（Sunil

Gavasker）和阿肖克·曼卡德（Ashok Mankad）等众多球星。但对于这些球星，我都没有留下深刻印象，虽然他们轻松击败了海得拉巴。我为 M. L. 贾伊西姆哈的场上风采所折服，比如他时尚的立领、与众不同的步态。我至今还记得阿里先生向我描述穆塔兹·侯赛因的“神秘球”，也记得阿比德·阿里的中速投球。

不久之后，父亲的工作又有了变动，我也跟着转到了德里的学校。在费罗沙克特拉板球场（Feroz Shah Kotla），我观看了人生中的第一场国际板球锦标赛。比赛双方分别是印度和英格兰。这场比赛给我留下了永久的记忆。我记得，在还剩一局未打的情况下，英国击球手丹尼斯·埃米斯（Dennis Amiss）和投球手约翰·利弗（John Lever）就联合“绞杀”了印度队，让我在接下来的几个星期里心神不宁。埃米斯拿下了双百分，首次参加对抗赛的利弗在那个漫长的下午一直投掷中速球，而那个球也好像有意偏向他。最终，印度球员黯然离场。

我 10 岁时回到海得拉巴。在接下来的 6 年里，作为海得拉巴公立学校校队球员，我真正喜欢上了板球运动。贾伊西姆哈的两个孩子也在该校读书，所以我们处处都能感受到板球的魅力和传统以及对板球的迷恋。那时候，所有人都在谈论来自海得拉巴公立学校的两名学生球员，其中一个是萨阿德·宾·忠格（Saad Bin Jung），印度板球队队长蒂格·帕陶迪（Tiger Pataudi）的外甥，在校期间他就效力于印度南部地区的南区球队（South Zone），在对阵客场作战的印度西部球队时，他创下过百分以上的佳绩。我先是在B队打球，后又转至高年级队，参加海得拉巴A级联赛。我们是A级联赛中的唯一校队，其他球队都由银行和各类公司赞助。印度国内板球巡回赛“兰吉杯”（Ranji Trophy）选手也会参加这些联赛，比赛异常激烈。

直到今天，板球依然让我感到兴奋，虽然现在我生活在一个没有板球赛事的国家。（不过，早在100多年前，美国曾定期举办澳大利亚和英国的赛事。）板球对我来说就像美妙的俄罗斯小说，大的故事情节中套着小的故事情节。最后，一记完美击打或三个敏捷投球，就可以改变一场比赛的局势。

在我极其短暂的板球生涯中，有三个故事与商业和领导原则有着直接关系。而今天即便作为一名首席执行官，这些原则也是我一直坚持的。

第一个原则是不遗余力地进行竞争，在面对不确定性和威胁时要充满激情。在学校板球队时，有一年夏天我们同一支拥有多名澳大利亚球员的球队比赛。比赛期间，我们的体能训练老师——他同时兼着类似球队总经理的职务——注意到，我们对澳大利亚球员的球技过于仰慕。事实上，我们更多的是胆怯。我们从来没有和外国球员交过手，而澳大利亚显然又是一个板球强国。我发现，我们的那位老师和总经理更像是一名美式橄榄球教练：大声喊叫，求胜心切。他一点也没有我们的那种仰慕和胆怯。他朝着队长大吼，要求加大进攻力度。我是一名投球手和糟糕的外场手，但他还是把我安排到了前小内场位置，就在强大的澳大利亚击球手的右侧。我希望站在更远的地方，但他就把我安排在了最近的地方。随着时间的推移，我们积聚起新的能力，找到新的焦点，进而转变成一支有着强大竞争力的球队。这让我明白了一个道理：你必须尊重你的竞争对手，但不要胆怯，要敢于竞争。

第二个原则是要把团队放在优于个人地位和个人荣誉的位置上。我的队友中曾经有一名个人能力很强的快速投球手，也是本地区最有前途的年轻板球运动员之一。在参加 U-19（19 岁以下）南区教练课程学习之后，他的能力有了进一步提升，步法和准确性都无可挑剔。作为一名末流击球手，我在练习场（类似于棒球击球笼）和他对阵，几无胜算。但他有一种自我毁灭式的思维。有一次比赛时，我们队长决定用另一名投球手替换他。很快，这名新的投球手就引诱对方击球员打出了一个上空球。对我们这名脾气不好、现司职左外场手的队友来说，这是一个可以轻松接住的球。左外场手位置距离击球手位置约为 25 码至 30 码。但他不仅没有去接，反而将两只手插在口袋里，眼睁睁地看着这个球落在他面前。他是一个明星球员，我们完全不相信会发生这样一幕。教训是什么呢？一个有才华的人如果不把团队放在首要位置，就会毁掉整个团队。

当然，我们还可以从板球中学到很多的教训和原则，我要讲的第三个原则是领导力的重要性。回过头来看，在一场记忆深刻的比赛中，我投出的一个旋转球被对手击中了。我是一名技术非常一般的球员。我们的队长向我展示了什么是真正的领导力。在我这一轮结束时（也就是说，我已经投出 6 个球），他接替了我的位置，虽然他更擅长击球而不是投球。他很快就击中三柱门，击球员出局。通常而言，在这种高水平发挥下，他会继续担任投球手。但相反，他很快就把球交到了我手里。接下来，我自己 7 次击中三柱门。为什么他这样做？我猜他是想让我重拾信心。那时赛季刚刚开始，他需要我全年保持好的状态。他是一个有同理心的领导者，他知道如果我失去了信心，就很难再找回来。这就是领导力的要义，让每个人都展现出最优秀的一面。这是一堂巧妙的、重要的领导力课，告诉你什么时候该对个人和团队进行干预，以及什么时候该重建个人和团队的信心。我觉得领导者首先要做的事情就是：激发所带领团队中成员的信心。我们的那位队长后来又在“兰吉杯”打过很多年比赛。他给我上了非常宝贵的一课。

早年这些源于板球的人生课塑造了我的领导风格。这些经验就如同我作为一名丈夫和父亲所获得的经验一样，也如同我在微软作为年轻工程师以及后来作为负责人领导开发新业务所获得的经验一样，深深影响了我。我所追求的并不是正常开展业务，而是推进文化建设和激发想象力。所有这些经验为我们当下正在进行的转型提供了“养分”，即一整套建立在目标、创新和同理心之上的原则。

*

1996 年 8 月，我们的儿子扎因来到这个世界，成为我和安努生活的转折点。由于宫内窒息，扎因患有重度大脑性瘫痪。他以我们从未预料到的方式改变了我们的生活。我们开始认识到，生活中的问题并不总是能以我们所希望的方式解决。相反，我们要学会面对。扎因从重症监护室回到家中后，安努很快就深刻理解到了这一点。虽然离开了令人焦虑的重症监护室，但扎因还是会接受相当多的手术治疗，后期护理任务繁重，而且他每天还需要接受多种疗法。日复一日，从早到晚，安努开车载着坐在婴儿座椅上的扎因去看不同的治疗专家；除此之外，她还要经常带他去西雅图儿童医院的重症监护中心。西雅图儿童医院成了我们的第二个家，扎因的医疗档案摞起来也已经有30厘米高。时至今日，我们依然对西雅图儿童医院的工作人员怀着深深的感激。从婴儿期到成年早期，扎因一直在他们的关爱与照顾下成长。

接任微软首席执行官之后，记得有一次我去重症监护室，发现扎因的病房里充满了柔和的蜂鸣声和嘀嘀声，这是医疗设备发出的。我是从另外一个角度去看的。我注意到很多设备采用的都是Windows平台，而且越来越多的设备已经连接云服务。云网络可以存储庞大的数据，有着强大的计算能力，现在已经成为各种技术应用的基本部分。这让我想到我们在微软的工作是超越商业的，它让一个脆弱的小男孩的生活成为可能。同时，这也促使我尽快就云产品和Windows 10产品更新做出决定。我心想，我们要赶紧行动起来。

由于儿子的状况，我每天都需要保持同样的热情，那种从我父母身上学到的对知识的热情和同理心。在家中如此，在工作中亦是如此。无论是在拉丁美洲、中东还是美国的某个城区，在和人们见面时，我都会去试着理解他们的思维、感受和想法。身为一位有同理心的父亲，加上探究事物核心和灵魂的渴望，使我成为一名更好的领导者。

但整天坐在办公室的电脑屏幕前，你不可能成为一个有同理心的领导者。有同理心的领导者需要走出去，到世界各地和当地人见面，才能看到我们开发的技术是如何影响他们的生活的。现在，全球范围内越来越多的人在不知不觉中依赖上了移动技术和云技术。医院、学校、企业和研究人员都在使用所谓的“公有云”，即通过公共网络可以访问的大批量的、保护用户隐私的计算机和一系列数据服务。云计算使得海量数据分析成为可能，进而产生明确的洞见和智慧，将猜测和推断转变成为预测能力。这可以改变我们的生活、企业和社会。

作为首席执行官，我在世界各地见证了无数有关同理心和技术相互作用的例子。

在我出生的那个国家和我现在生活的这个国家，学校都在使用云计算分析海量数据，旨在发现洞见，改善退学状况。在印度的安得拉邦和美国华盛顿州的塔科马，有太多的孩子退学，导致这一问题的原因是缺乏资源，而不是缺少抱负。云技术正帮助孩子和家庭改善结果，因为通过云数据，现在已经可以预测哪些学生最有可能退学，然后依据预测结果，集中资源帮助他们渡过难关。

基于移动技术和云技术，肯尼亚的一家初创公司已经建立了一个太阳能电网。每天生活费用不足 2 美元的人可以租赁安全、低成本的照明设备和高效的烹调炉，取代污染性的、危险的煤油能源。这是一个独特的创新性计划，因为该初创公司可以据此建立一个有效的信用评级体系；这是一个副产品，但也是第一次让这些肯尼亚人拥有获取资本的机会。通过创新的手机支付系统，生活在肯尼亚贫民区的客户每天支付 40 美分即可获得该公司的太阳能电力，而反过来，这又会产生可用于建立信用记录的数据，然后公司再基于信用记录，为客户提供其他融资服务。

希腊的一所大学与该国消防部门合作，利用云数据预测和预防大规模山火，比如 2007 年希腊的那次山火，导致 84 人死亡，过火面积达 67 万英亩（27.11 万公顷）。现在，通过遥感器，消防队员可及时获取与火情相关的信息，比如火势的蔓延情况和强度、过火面积、供水系统，以及微气候预测等，确保他们提前做好准备，保护生命和财产安全。

在瑞典，研究人员正利用云技术筛查儿童的失读症，筛查结果又早又准确。失读症是一种阅读障碍，影响着数百万人的教育结果。时下在学校里分析的眼动数据可以与 30 年前失读症确诊患者的数据集进行比较。诊断准确率已经从 70% 提升到 95%，而诊断时间也从 3 年减少至 3 分钟。这意味着学生、家长和学校都可以提早准备，少受煎熬。

在日本，基于全国数百个传感器的“众包数据”（crowd-sourceddata）帮助公众监测福岛核电站的辐射，降低食品质量和运输风险。500 个遥感器的 1300 万次测量形成一个热图，提醒当局注意当地稻米生产的风险。

在尼泊尔，2015 年 4 月发生毁灭性地震之后，联合国救援人员利用公有云收集和分析有关学校、医院和家庭的海量数据，加快各种救援物资的分发。

时下，还没有连接到云的设备是难以想象的。Office 365（微软的云服务）、领英（LinkedIn）、优步（Uber）和脸谱网等消费类应用都存在云里。在西尔维斯特·史泰龙（Sylvester Stallone）的最新“洛奇”（Rocky）系列影片《奎迪》（*Creed*）中，就有一个伟大的场景。这位冠军在一张纸上为他的门徒草草写下一份训练计划，后者用他的智能手机迅速拍下一张照片。在这个孩子离开时，洛奇喊道：“你不要这张纸吗？”

“我已经有了。它已经存在云里了。”孩子回答说。

年老的洛奇抬头望着天空说：“什么云？什么云？”洛奇可能不知道“云”，但其他几百万人已经依赖上了“云”。

在时下改变世界的云技术方面，微软已经走在前列。但就在几年之前，这样的结果似乎还很难想象。

到 2008 年时，暴风雨已经聚集在微软上空。微软的个人计算机出货量和财务增长已经陷入停滞状态。其间，苹果、谷歌的智能手机和平板电脑销量呈上升趋势，搜索和在线广告收入持续增长，这是微软难以匹敌的。亚马逊悄悄推出亚马逊云服务（AWS），在高利润、迅速增长的云服务业务领域建立起领导地位。

云的到来，其背后的逻辑简单，也令人信服。微软、英特尔和苹果等公司引领的 20 世纪 80 年代的个人计算机革命，让计算在世界各地的家庭和办公场所中得以普及。20 世纪 90 年代进入客户端 / 服务器时代，满足了数百万人希望通过网络而不是软盘分享数据的需求。但在一个数据持续急剧增长的时代，以及随着亚马逊、Office 365、谷歌和脸谱网等公司的到来，维护服务器的成本已经远远超过服务器的产出收益。云服务的出现彻底改变了计算经济。仅需一次人工操作，云服务就可以以标准方式汇聚计算资源，并自动执行维护任务。基于自助式的即买即付模式，它可以弹性扩展或收缩。云服务提供商在世界各地投建庞大的数据中心，然后再以较低的价格租赁给每个用户。这就是云革命。

基于 AWS，亚马逊成为最先从云服务中获利的公司之一。他们很早就发现，公司用来销售图书、电影和其他零售品的云基础设施，可以像分时度假模式一样租赁给其他企业和初创公司，而租赁价格远低于这些公司自建云基础设施的成本。到 2008 年 6 月时，亚马逊已有 18 万名开发者在为公司的云平台开发应用和服务。而那时，微软还没有建立可营利的云平台。

所有这些对微软来说都意味着麻烦。甚至在 2008 年金融危机之前，我们的股价就已经开始下滑。按照一项酝酿已久的计划，比尔·盖茨 2008 年离开了公司，专注于比尔及梅琳达·盖茨基金会（Bill & Melinda Gates Foundation）的运营。但其他人也相继离开，其中就包括 Windows 和在线服务业务总裁凯文·约翰逊（Kevin Johnson），他将出任瞻博网络首席执行官。在当年致股东的信中，比尔和史蒂夫·鲍尔默表示，莲花笔记（Lotus Notes）的开发者雷·奥兹（Ray Ozzie）已被提名担任公司新的首席软件架构师（比尔之前的头衔），表明新一代的领导者已经开始进入在线广告和搜索等领域。

这封致股东的信并没有提到云，但值得称道的是，史蒂夫在这方面已经有了策略，也有着更开阔的视野。他是一位大胆的、有勇气的和充满热情的领导者。有一天，他在电话中告诉我他有一个想法。他希望我担任工程部门负责人，带领团队开发在线搜索和广告业务，这就是后来的必应（Bing），也是微软最早开展的云业务之一。

介绍一下背景。搜索引擎是通过拍卖竞价这一广告形式产生收入的。广告商竞拍与其产品或服务相匹配的搜索关键词，中标方获得在搜索结果页面展示相关广告的机会。这样一来，当你搜索汽车和汽车经销商时，付费广告就可能出现在搜索页面的明显位置。从消费者和广告商两个角度来提供购买体验，从计算上讲是昂贵和复杂的。虽然微软在搜索市场所占份额很低，但史蒂夫还是决定投资，因为公司必须建立在 Windows 和 Office 之外的竞争力。在他看来，这是我们这个行业的未来。回应亚马逊持续增长的云业务，对微软来说是一个巨大挑战。因此，他希望由我来负责开发这方面的业务。

“不过，你可要想好了。”史蒂夫补充说，“这可能是你在微软的最后一份工作，如果失败了，那可没有降落伞，你可能会和它一起坠毁。”当时我想，他这样说可能是一种略带严肃的幽默，也可能是一种直截了当的警告。直到现在，我也不确定他是哪种意思。

尽管已有告诫，但这份工作听上去还是蛮有吸引力。当时，我在微软 Dynamics 负责一项新兴业务，前任是道格·比尔甘（Doug Burgum），他后来出任北达科他州州长。道格是一位激励型领导者，亦帮助我成为一名更好的领导者。他认为商业和工作并不是孤立的，而是社会的一部分，也是一个人生命中的重要部分。我从道格身上学到很多东西，让我成为现在的领导者。领导 Dynamics 团队是一份很梦幻的工作。这是我第一次有机会从头开始负责一项业务。为了这份工作我准备了近 5 年的时间。在微软内外，我已经建立起了所有可推动 Dynamics 业务向前发展的人脉关系。但史蒂夫的工作邀请从根本上把我推出了舒适区。我从未参与过面向消费者的业务，也没有真正追踪过微软在开发搜索引擎方面所做的努力或在打造云基础设施方面所做的早期尝试。所以有天晚上，在结束一天漫长的工作之后，我决定开车去 88 号楼，那里是互联网搜索工程团队的办公所在地。我想在走廊里看看那里都有谁，不然，对于这个被要求领导的团队，我能怎样给予同理心？时间大约是晚上 9 点，但停车场还是停满了车。我原以为办公区可能只有少数几个人了，但没有想到整个团队都在那里工作、吃外卖食品。我没有同任何人交谈。眼前的这一切让我禁不住想：是什么让他们如此投入地工作？88号楼肯定会发生重要的事情。

那天晚上看到的团队的投入和敬业，让我坚定了信心。我对史蒂夫说："好的，我接受新职务。"我的降落伞是什么颜色？我根本就没有降落伞。

我进入了一个全新的世界，而这一步被证明是幸运的。我没有想到这会成为未来证明我自己的地方，为将来的领导角色和公司的未来打下基础。

我很快就意识到，我们需要四种基本技能来打造在线的、基于云平台的业务，而该业务的主要访问设备将是手机而不是台式电脑。

第一，我以为我很了解分布式计算系统，但由于云的存在，我突然意识到我需要完全重学这些系统。简单来说，分布式系统是指软件如何在联网计算机上交流与协调。设想数十万人在同一时间搜索词条。如果这些搜索查询都到达了西海岸某个房间的某一台服务器上，那么这台服务器就崩溃了。但现在再设想，这些搜索查询被平均地分配到了一个服务器网络中，庞大的计算能力可以将相关搜索结果即时发送给消费者。如果有更大的流量，只需增加更多的服务器即可。弹性是云计算架构的核心特征。

第二，我们必须加强消费产品的设计力。我们知道我们需要一流的技术，但我们也知道我们需要一流的体验，这样用户才会不断去使用。传统软件设计会用一年时间详细筹划开发者提出的产品设想，然后将产品最终推向市场。现代软件设计则涉及通过持续试验来更新在线产品。设计师提供正在开发的网页，必应的旧版本会发送给一部分搜索者，而未经测试的新版本则会发送给其他搜索者。用户记分卡将告诉你哪个版本更受欢迎。有时候，看似细微的差别会产生极大的不同。颜色或字体大小等细节可能会对消费者的参与意愿产生重大影响，引发价值或达数千万美元收入的行为变量。现在，微软在产品设计中必须掌握这一新的方法。

第三，我们必须深刻理解和着力打造双边市场。这是一种新的在线业务模式。一边是在线寻求搜索结果的消费者，另一边是希望推广业务的广告商，两边都需要取得成功。这就产生了我前面所说的竞价拍卖效应。业务双方同等重要，而针对双方的体验设计亦至关重要。显然，吸引的搜索者越多，就越容易吸引更多的广告商。在提供相关搜索结果方面，显示正确的广告至关重要。所以，优化在线拍卖机制和提升搜索结果的相关性是关键挑战。

第四，我们必须精于运用机器学习。机器学习是数据分析非常重要的形式，也是人工智能的基础。我们需要深刻了解如何同时做两件事情：识别网络搜索用户的意图，然后再用网络上获取的准确信息与之匹配。

最终，必应将会成为打造时下遍及微软的超大规模的云为先服务的伟大训练场。我们不只是在开发必应，还在打造驱动微软未来发展的基础技术。在开发必应的过程中，我们学到了规模化、试验型设计、应用机器学习和拍卖式定价。这些技能对我们践行公司使命至关重要，同时也是时下技术领域所竭力追求的。

但我们的搜索业务起步太晚，我们还没有推出可与谷歌竞争的产品。于是，我踏上征程，同脸谱网、亚马逊、雅虎和苹果等公司的高管会面，推介我们新打造的搜索引擎。我希望达成交易，但我也想从他们那里学习，看看他们是如何设计新潮产品的。我发现关键就在于敏捷、敏捷、敏捷。在消费体验方面，我们需要保持速度、灵活性和竞赛精神，这不是一时的，而是长期的。我们需要设定和不断实现短期目标，以一种更现代的快节奏交付代码。

要做到一点，我们需要定期召集所有决策人参加“战情会议”。2008 年 9 月，我首次召集搜索工程师参加此类会议，我们临时称之为“搜索检查点 #1”（Search Checkpoint #1）。（或许我们应该取一个更有创意的名字，因为它已经被保留下来，而且我们也已经召集参加了数百次这样的会议。）我们决定在 2009 年 6 月推出必应，这是一个新的搜索引擎和新的品牌。我知道如何制造紧迫感，如何动员有着不同技能和背景的领导者朝着微软一个新领域的共同目标迈进。我意识到，在一个成功的公司里，忘记一些旧的习惯和学习新的技能同等重要。

我们聘请陆奇博士担任微软所有在线服务的负责人。这之后，我的学习能力得到了飞速提升。陆奇是雅虎的一位高管，也是整个硅谷极力招揽的人才。史蒂夫、现任微软人工智能与研究事业部的负责人沈向洋，还有我，一起去湾区拜访他。我们和他谈了一个下午。在回来的航班上，史蒂夫对我说：“我们得请他来，但如果你不想在他手下工作，那就成问题了。”初与陆奇会面之后，我就知道我可以从他身上学到很多东西，微软也会受益。所以，我毫不犹豫地支持聘请陆奇，虽然在某种意义上，这会阻碍我自己的晋升。我知道，在在线业务部门为陆奇工作，我会从他身上学到东西，我的专业能力也会因此得到提升。后来，在我担任首席执行官最初的几年里，陆奇是我们的高级管理团队中的重要成员。后来陆奇离开了微软，但他仍是一位值得信赖的朋友和顾问。

随着时间的推移，雅虎后来把必应作为其搜索引擎。这样一来，我们两家在美国搜索市场合占的份额就达到了 1/4。在早期处于困境时，很多人都说应该关闭搜索引擎业务，但在我们的努力下，它的市场份额一直在增长，现已成为微软旗下利润高达数十亿美元的业务。同样重要的是，它帮我们加快了云战略步伐。

在微软，其他部门的其他试验活动也面临同样问题，进而导致内部竞争乃至封地文化。自 2008 年以来，雷·奥兹开始负责开发一个高度机密的云基础设施产品，代号为“赤犬”（Red Dog）。长期追踪微软动态的记者玛丽·乔·弗利（Mary Jo Foley），无意中发现了一则关于“赤犬”项目工程师的招聘广告，然后写了一篇文章，推测该计划是微软应对亚马逊 AWS 的举措。

在负责必应期间，我和“赤犬”团队有过会面，想看一下彼此是否有合作的可能。但我很快就意识到，微软传奇的服务器与工具事业部（STB）——这里诞生了 Windows 服务器和 SQL Server（微软的关系型数据库系统）等产品，也是“赤犬”团队工作所在地——与必应是两个不同的世界。从收入上来看，STB 是仅次于 Office 和 Windows 的第三大业务部，拥有资深的分布式系统专家。但当我把必应和 STB 放在一起比较时，还是发现了一些明显区别。他们缺乏运行大规模云服务的反馈环，沉湎于服务现有客户群，追求局部极大值。对于云服务的新世界，他们学习得不够快。另外，“赤犬”团队被边缘化，被 STB 领导层和组织所忽略。

2010 年年底，雷·奥兹在一份长篇幅的内部备忘录中宣布他要离开微软。他在离职电子邮件中写道：“一个无可辩驳的事实是，在任何一家大型组织，任何艰难的转型都必须从内部突破。”虽然“赤犬”项目仍处于孵化期，且几乎没有收入，但他关于微软转型必须从内部开始的论断是正确的。史蒂夫早就宣布公司将全力发展云业务，研发投入高达 87 亿美元，其中大部分用于云技术开发。虽然工程师努力开发云技术，但微软云平台依然缺乏清晰的愿景，更不用说创造实际的营收了。

大约就是在那个时候，史蒂夫要求我担任 STB 部门的负责人。今天，这个部门已经逐步发展成为微软的云与企业级业务部。从我得知消息到正式上任，只有不到一周的时间。史蒂夫已经意识到，我们需要加快发展云业务。他亲力亲为，积极推动 Office 业务的云端转型。在云基础设施方面，他希望我们也能够同样大胆推进。2011 年 1 月，我接手公司刚刚起步的云业务，当时分析师估算亚马逊等领先公司的云收入已经达到数十亿美元，但这里面并没有微软的影子。彼时，我们的云服务收入可能只有几百万美元，而不是几十亿美元。虽然那时亚马逊没有披露它的 AWS 收入，但很明显，它是领头羊，其业务规模也是微软所难以比肩的。在我出任新职务不久之后的 2011 年 4 月，亚马逊首席执行官杰夫·贝佐斯（Jeff Bezos）发布年度致股东书。在这封致股东书中，他颇为欣喜地简单描述了支撑亚马逊云事业迅速发展的计算机科学与计算机经济。他讲到了贝叶斯估计、机器学习、模式识别和随机性决策。“亚马逊工程师在数据管理方面的领先技术，已经成为亚马逊云服务所提供的云存储和数据管理服务基础架构的起点。”他写道。亚马逊正在引领一场革命，而我们甚至还没有集结起队伍。多年前我离开太阳微系统公司帮助微软在企业市场取得领先，而如今，我们又落后了。

众所周知，作为一家公司，我们已经错过了移动革命，但我们不想再错过云革命。我想念在必应工作的同事，但我也很高兴能够领导云业务的发展，因为在我看来，这将是这个时代微软最大规模的转型。从 2008 年到 2011 年，我用了三年的时间学习云相关知识，比如基础设施压力测试、运营和经济学等，但我的身份是用户，而不是云提供商。这一经历有助于我在新的职位上加快执行速度。

这并不是一件容易的事。服务器与工具业务当时正处于商业成功的顶峰，但依然错失了未来。在云业务的重要性方面，组织内部存在严重分歧。不同力量处于持续紧张状态。一方面，部门负责人会说，“是的，这是云方面的业务”“是的，我们应该孵化它”；但另一方面，他们又会转而警告说，“记住，我们必须把重点放在服务器业务上”。让 STB 成为微软内部和行业驱动力的服务器业务，也就是 Windows 服务器和 SQL 服务器业务，现在已经阻碍了他们前进的步伐，也让他们失去了创新和与时俱进的精神。

在担任新职务后不久，公司就发布了一份声明：“纳德拉及其团队负责微软的云战略企业转型，并为商业计算的未来提供技术路线图和愿景。”史蒂夫说过企业转型不会在一夜之间发生，但我们所剩的时间已经不多了。

我很清楚我们的前行方向，但我知道我真正的任务是激发 STB 管理团队的自豪感与渴望，让他们和我们一起前行。当然，我有我自己的看法，不过我也认识到，这是一个心系企业、心系客户的团队，致力于满足他们严格而又复杂的计算需求。我需要他们的系统知识，所以第一步就是向我即将领导的这个团队学习，并希望能够赢得他们的尊重。唯有如此，我们才能一起奋进，抵达一个新的、更好的地方。

领导意味着做选择，然后将团队团结在这些选择周围。我的父亲是一名印度高级政府官员，我从他那里学到的一点是，这个世界上没有比打造一个永续的组织更加艰难的任务。对领导而言，通过命令达成的共识并不是真正的共识。任何机构建设都源于清晰的、既能自上而下也能自下而上推动进步的愿景与文化。

在商学院时，我读过诺曼·麦克林恩（Norman Maclean）写的一本书，叫《年轻人与火》(*Young Men and Fire*)，他最有名的著作是《一江流过水悠悠》(*A River Runs Through It*)。《年轻人与火》讲的是1949年发生的一场致13名空降消防员死亡的森林大火悲剧及其后续调查的故事。我记忆深刻的是一个被忽视的教训：建立团队共识，培养信任与信用是最紧迫的课题。死里逃生的消防队长知道，要想逃过这场大火，他们需要再点一道小的火线。但没有人听从他的领导。他有能力让其他消防员逃离火海，但他没有建立起有效发挥其领导力的共识，导致团队其他成员付出了生命的代价。

我决不犯同样的错误。

同那位消防队长一样，我也必须说服我的团队采取一种有违直觉的战略，将重点从规模庞大的、收入可支付所有人薪水的服务器和工具业务，转向微不足道的、几乎没有任何收入的云业务。为赢得他们的支持，我需要建立共识。我决定不带必应的旧团队过去。转型必须由内部发起，从核心向外扩散，这也是唯一能确保变革可持续的方式。

我接手的那个团队更像是一个各自为战的团体。诗人约翰·多恩（John Donne）曾经写道："没有人是一座孤岛。"但如果参加我们的会议，我想他会是另外一种感想。该团体中的每一位领导者，本质上都是其所主持业务的首席执行官。他们独立生存、独立运营，而且大都有着长期形成的习惯。我在这个位置完全没有施力点，而且更糟糕的是，很多人认为他们应该坐在我的位置上。他们的态度给人一种挫败感：他们在赚大钱，而现在出现了这样一个被称作"云"的鬼东西，他们不想为它分神。

为打破僵局，我与 STB 管理团队中每一个人单独见面，给他们把脉，问他们问题，并倾听他们的想法。作为一个团队，我们必须达成共识，云为先战略是我们的北极星。我们的产品和技术会按照云服务进行优化，而不仅仅是按照私有服务器进行优化，即那些基于组织自建的服务器。虽然我们采取云为先战略，但基于我们的服务器实力，我们可以向客户提供混合云解决方案，即私有的本地服务器和公有云相结合的解决方案。

这个新的组织架构改变了团队的看法，打破了全力发展云业务的壁垒。我注意到了一些新的变化：为满足企业客户需求，团队开始采取创新行动。

可惜的是，先前的“赤犬”项目，即现在的 Windows Azure（Azure 是微软云服务的名字）项目，仍处于苦苦挣扎之中。他们试图通过一种新的策略，实现云计算的跨越式发展，但市场给出了明确的反馈，他们首先得满足项目当前的需求。“赤犬”团队的早期成员、Azure 的现任首席技术官马克·拉希诺维奇（Mark Russinovich）有一个明确推进 Azure 项目的路线图。我们需要为该团队输入更多的资源，确保他们实施该计划。

是时候把 Azure 从边缘项目转为 STB 主要项目了。人在任何企业都是最重要、最伟大的资产，所以，我首先要做的是组建合适的团队，而我想到的第一个人就是斯科特·格思里，一位技术非常娴熟的微软工程师，负责开发过很多成功的、专注于开发的公司技术。我让他负责 Azure 的研发部门。我们要把 Azure 打造成微软的云平台，使之与亚马逊 AWS 相抗衡。

随着时间的推移，来自微软内外的其他很多人加入了我们的团队。Microsoft.Net 和 Visual Studio（微软的开发工具包系列产品）的关键领导者贾森·桑德尔（Jason Zander）负责 Azure 核心基础架构。我们聘请了著名的大数据研究员，包括雅虎的拉古·拉玛克里斯南（Raghu Ramakrishnan）和 Couchbase 的联合创始人詹姆斯·菲利普斯（James Phillips）。我们倚重乔伊·奇克（Joy Chik）和布拉德·安德森（Brad Anderson）的专业技能，为移动世界提供设备管理解决方案。在他们的领导下，我们开始为商业客户提供他们所需的、用以保护和管理 Windows、iOS（苹果公司的移动操作系统）和安卓（Android）设备的技术，并取得重大进展。潘正磊负责 Visual Studio 开发工具业务，使之逐步成为平台和应用开发者的首选工具。

我们不仅有世界级的工程师，还有世界级的商业规划和商业模式。沼本健（Takeshi Numoto）从 Office 团队转到 STB 团队。作为 Office 团队的关键人物，沼本健负责制定战略，推进 Office 产品的云订购模式。而作为 STB 业务部门的负责人，他着力打造新的商业模式，建立云服务使用计费标准，并针对客户需求提供产品组合。

在我的早期决策中，其中之一就是用我们的数据处理和人工智能优势使 Azure 具有差异化。拉古设计和打造的数字平台可以帮助存储和处理超大规模数据。微软一直在开发机器学习和拓展人工智能能力，并将其作为必应、Xbox Kinect（微软公司的体感周边外设）和 Skype Translator（基于 Skype 应用的翻译服务）等产品的一部分。我希望这也可以成为 Azure 的一部分，向第三方开发者提供这一能力。

对 Azure 来说，来自亚马逊的约瑟夫·斯洛什（Joseph Sirosh）的加盟至关重要。在职业生涯中，约瑟夫一直孜孜不倦地从事机器学习研究。加盟微软之后，他把这种激情也带到了我们这里。现在，我们的云平台不仅可以存储和计算海量数据，还可以分析数据并从数据中学习。

机器学习的实用价值巨大，应用也极其广泛。以微软客户、电梯与自动扶梯制造商蒂森克虏伯（ThyssenKrupp）为例：因为使用 Azure 和 Azure 机器学习服务，他们现在可以预测电梯或自动扶梯何时需要保养，从而从根本上消除了故障，为客户创造了新的价值。同样，大都会人寿（MetLife）等保险公司可以在晚上通过我们的云和机器学习进行庞大的精算分析，然后第二天早上拿到最关键的财务问题的答案，确保公司能够尽快适应保险环境的巨大变化，比如突发的流感或比以往更强烈的飓风季。

无论你是在埃塞俄比亚还是在美国俄亥俄州的埃文斯顿，也无论你是否持有数据科学的博士学位，你都要有从数据中学习的能力。有了 Azure，微软就可以实现机器学习的普及化，就像 20 世纪 80 年代它引领个人计算的普及化一样。

对我来说，与客户会面，了解他们已表达的和未曾表达的需求，是所有产品创新的关键。在与客户会面时，我通常会请其他领导者和工程师一起参加，便于我们共同学习。有一次，我们去湾区拜访几家初创公司。会议中我们意识到，微软需要支持 Linux 操作系统，而且我们在这方面已经通过 Azure 采取了一些初步的措施。但下定决心在 Azure 中为 Linux 提供一流支持，是在斯科特·格思里和我们的团队结束当天的那些会议之后。在前往停车场的路上，我们做出了这个决定。

这听起来像是一个纯粹的技术困境，但它也提出了一个重大的文化挑战。微软长期坚持的一个信条是，Linux 等开源软件是公司的敌人。现在我们已经无力为这样的态度买单。我们必须满足客户的需求，而更重要的，是确保我们以一种前瞻的方式而不是透过后视镜寻找机遇。我们将 Windows Azure 更名为 Microsoft Azure，就是为了明确表示我们的云并不仅仅与 Windows 有关。

为扩大我们的云业务，我们不仅要开发合适的技术，还要满足世界上最大的一些客户的严苛的服务需求。我们已经在运营必应、Office 365 和 Xbox Live 等服务颇具规模的产品。但现在有了 Azure，我们每一天的每一分钟都在为成千上万的其他企业服务。

我们的团队必须拥抱我所称的“在线即时解决优先”（live site first）的文化。运营文化与任何关键技术突破一样重要。我们建立了一个 Skype 群组，其中包括数十名工程师和面向客户的现场团队，所有这些人都会聚在一起，负责协调和解决任何出现的问题。而每一次事故都要进行严格的根本原因分析，便于我们不断学习和提升。我也会时不时地加入对话，看看我们工程师采取的行动。关键在于，高层管理者不要带给员工恐惧或恐慌，而是帮助员工解决现有问题，并从中吸取教训。

今天，微软正朝着 200 亿美元的云业务规模迈进。我们的目光已经从那些曾让微软成为世界上最有价值公司之一的套装产品，转向了前景更广阔的云平台 Azure 和 Office 365 等云服务（Office 365 是我们广受欢迎的 Office 办公套件的在线版本）。在持续关注客户需求的同时，我们不断投资和改善这些产品，打造我们作为服务提供商的能力，拥抱

Linux 和其他开源软件。

云业务让我得到了一系列以后要谨记在心的教训。其中，最重要的一条就是：领导者必须同时看到外部的机会和内部的能力与文化，以及它们之间的所有联系，并在这些洞察变得众所周知之前率先反应，抢占先机。这是一种艺术，而不是科学。领导者未必总能做到正确，但平均成功率将会决定他或她在行业中的资历。作为一名首席执行官，在面临更大的挑战时，我认为这是一个很好的洞见。

HIT REFRESH

03

新使命、新动力

重新发现微软的灵魂

2014年2月4日上午，也就是正式出任首席执行官的那一天，我早早驱车去了微软园区，准备上任第一天对员工的讲话。在感恩节放假期间，我写了一份10页的备忘录，回应董事会在遴选首席执行官过程中提出的几个问题。后来在去得克萨斯州拜访戴尔（Dell）和去硅谷拜访惠普（Hewlett Packard）途中，我又对这份备忘录进行了完善。董事会的问题让我思考了很多。我的愿景是什么？实现这一愿景的战略是什么？我们要取得什么样的成功，以及我们要从哪里出发？现在，几个月过去了，我重新思考我写下的那些内容，思考走到今天的这个过程。

寻找下一任首席执行官是一个漫长的过程。史蒂夫8月时突然宣布他将退休，那时他刚刚带领公司进行了一次大的改组，亦是在宣布与芬兰智能手机制造商诺基亚（Nokia）达成72亿美元交易的前夕。整个秋天，记者都在推测谁会接替他的位置。会不会是一名外部人士，比如福特汽车（Ford Motor）首席执行官艾伦·穆拉利（Alan Mulally）？或者，会不会是微软所并购公司的高管，比如Skype的托尼·贝茨（Tony Bates）或诺基亚的史蒂芬·埃洛普（Stephen Elop）？我们中的多个人也被要求将自己的想法写成备忘录提交董事会，类似于一种面试。

在提交董事会的备忘录中，我谈到了自己在微软20多年的工作经历，也谈到了即将离任的首席执行官史蒂夫·鲍尔默对我的教导。他鼓励我要做自己。换句话说，不要设法取悦比尔·盖茨或其他任何人。“要大胆，要正确。”他告诉我。比尔和保罗·艾伦创建了微软，比尔和史蒂夫打造了微软。作为创始人，比尔1980年从斯坦福大学商学院将史蒂夫聘请到微软，担任公司的第一位商务经理。史蒂夫是一位充满激情的领导者、销售员和市场营销者，而比尔是一位在技术领域有着远见卓识的领导者，通过广泛的阅读和“思考周”（think weeks）让微软领先于众多心怀嫉妒的竞争者。他们两人结成了历史上最著名的商业伙伴关系之一。作为计算的先驱，他们让微软成为全球最有价值的公司。他们不仅打造了伟大的产品，还培养了数百名在世界各地经营全球企业的高管，这其中也包括我。这些年来，他们循序渐进地让我担起了越来越多的责任，也让我明白了我们的软件不仅影响着计算机爱好者的生活，还影响着整个社会和经济。

尽管我专注于他们打造的事业，但史蒂夫不希望我把事情搞混。他告诉我要丢掉过去。他比任何人都清楚这家公司需要改变，而且他还无私地卸去首席执行官的职务，确保这种改变能以彻底的方式进行。作为一个不折不扣的内部人士，我的任务是重新开始，要刷新浏览器加载一个新页面，即微软历史上的另一页。因此，在提交给董事会的备忘录中，我呼吁推动“微软的重生”。这需要拥抱更广泛的计算和环境智能。这意味着我们人类将会与包括设备和感官在内的各种经验进行互动。所有这些经验都将由云中的智能驱动，由数据产生端点的智能驱动，由与人互动端点的智能驱动。我写道，但这种重生，只有在将组织文化置于首要位置，并在公司内外建立起信心的情况下才能实现。如果继续靠着我们过去的成功生存，那是非常容易的事。我们就像是国王，即便现在这个王国已经处于危险之中。我们可以抱着这棵摇钱树，获取短期回报，但只要不忘初心，坚持创新，我认为我们是可以建立起长期价值的。

我把车开进D工作室外面的停车场，这里也是我们的Xbox开发团队的办公地点。我在1992年加入微软时，园区的这一部分还不存在，而现在，放眼望去，它周边已经建起了几十座低层办公楼。接下来的一个小时里，在D工作室三层玻璃外墙建筑的中庭，将会挤满受邀参加公司全体会议暨直播会议的员工。我知道他们抱有希望，但也会心存疑虑。你只需看几张报表就会明白这一点。全球个人计算机出货量在经历了几十年的稳定增长之后，销量已经达到顶峰，现在进入下滑状态。当前，季度个人计算机出货量为7000万台左右，而智能手机出货量已经超过3.5亿部。这对微软来说是个坏消息，因为每销售一台个人计算机，意味着微软将获得一笔特许使用费。更糟糕的是，不仅个人计算机销量下滑，连18个月前推出的Windows 8也遭受冷遇。与此同时，安卓和苹果操作系统呈急剧上升趋势，这反映了智能手机的爆炸式增长，而在这一领域，微软不仅没有领先，甚至连参与的机会都没有。由此，长期被视为蓝筹股的微软股票，多年来一直处于低迷状态。

公司内部的问题也非常严重。那年，我们的年度员工调查显示，大多数员工并不认为我们在朝着正确的方向前行，并对我们的创新能力提出了质疑。后来，时任我办公室主任的吉尔·特蕾西·尼科尔斯（Jill Tracie Nichols）又向我分享了数百名员工的代表性意见，便于我实时了解变革中的组织动态。微软病了。员工倦怠了，他们深感挫折。尽管有着宏大的计划和伟大的创意，但还是落在了后面。他们怀着伟大梦想来到微软，但感觉真正面对的却是处理与高级管理层的关系，执行繁杂冗余的程序，以及会议中无休止的争吵。他们认为，只有外部人士才能够让公司重新回到正轨。任何传言中的内部首席执行官人选都难以引起他们的共鸣，这当然也包括我。

就在宣布任命前的两天，吉尔和我在一次紧张的准备过程中就如何激励这个心灰意冷的杰出人才团体产生了分歧。某种程度上，我对缺乏担当和相互指责深感恼火。她打断我说："你搞错了，实际上他们是渴望做更多事情的，但总是受到各种各样的阻碍。"首要任务是树立希望。这是我们转型的第一天，我知道它必须从内部开始。

几分钟之后，我站到台上拍照。拍下的照片很快就会疯狂传播。在一张抓拍的照片中，比尔·盖茨、史蒂夫·鲍尔默和我面带微笑，而这也是微软40年历史中仅有的三名首席执行官。然而，我记忆更深刻的是现场数百名等待我演讲的微软员工。在他们的脸上，你看到的是希望、兴奋和活力，以及忧虑和些许的失望。同我一样，他们来微软是为改变世界的，但现在公司增长停滞，让他们感到难过。竞争对手向他们伸出了橄榄枝。而最悲哀的是，很多人认为这家公司已经失去了灵魂。

史蒂夫首先开场，发表了感人的且鼓舞人心的讲话。接下来是比尔，他的冷幽默立即登场。环顾四周，他假装惊讶地说，Windows Phone 在这个房间里占有很大的市场份额。然后，他开始谈起业务。比尔简练地讲述了公司面临的挑战和机遇。“微软是建立在对软件魔力的信仰之上的，而我要说的是，今天我们面临的机遇比以往任何时候都大。软件的魔力就在我们面前，我们可以通过我们的软件帮助工作和家庭中的人们。通过 Windows 平台、正在开发的云服务，以及 Office，我们已经建立起明显的优势。但同时，我们也面临着一些挑战。很多人在从事云方面的有趣工作。很多人在开发移动业务，我们虽然赢得了一些市场，但这个份额还不够大。”说完这番话之后，他把讲台让给了我。

随着掌声渐息，我立即号召我的同事和团队成员行动起来。“我们的行业不尊重传统，只崇尚创新。在一个‘移动为先，云为先’的世界里，如何让微软实现成功是我们面临的共同挑战。”那天我想重点强调的主题，就是如果微软消失了，我们必须要清楚这个世界会失去什么。我们必须要回答的是：这家公司是做什么的？我们为什么存在？我告诉他们是时候重新发现我们的灵魂了，也就是说，是什么使得我们与众不同。

我最喜欢的书之一是特雷西·基德尔（Tracy Kidder）的《新机器的灵魂》（*The Soul of a New Machine*）。这本书讲的是20世纪70年代另一家技术公司通用数据（Data General）的故事。基德尔在书中写道，技术无非就是那些开发它的人的共同灵魂。技术是迷人的，但更迷人的是设计者对技术的痴迷。那么，在这种背景下，公司的灵魂是什么？我说的不是宗教意义上的灵魂，而是指一种最自然的表露、内心的声音。它会激发你运用你的能力，并提供内在方向。作为一家公司，我们拥有的独特的感知力是什么？对微软来说，它的灵魂是赋能大众，而不仅仅是赋能个人，以及赋能人们建立的组织，比如学校、医院、企业、政府机关和非营利组织等。

史蒂夫·乔布斯（Steve Jobs）懂得什么是公司的灵魂。他曾经说过："人类创作最根本的灵魂就是设计，而这个灵魂最终通过产品或服务的外在连续表现出来。"我同意他的观点。只要它内心的声音、动机是设计伟大的消费产品，那么苹果就会一直忠于它的灵魂。我们公司的灵魂与之不同。微软需要重拾灵魂精神，而这个灵魂就是让每一人和每一组织都能获得强大的技术，即技术的全民化。当我第一次戴上微软全息计算机设备 HoloLens 时，我想到的是它如何用于大企业、学校和医院，而不仅仅是玩《我的世界》(*Minecraft*) 能带来多少乐趣。

这并不是说我们已经失去了灵魂，而是说我们需要重生、需要复兴。20 世纪 70 年代，比尔和保罗 · 艾伦创建微软，目标是让每个家庭、每张办公桌上都有一台电脑。这是一个自信而勇敢的、激励人心的远大目标，也是他们已经完成的目标。这就是技术的全民化和个性化。有多少组织能说它们已经完成了当初的立业使命？如果微软没有让计算机普及到世界各地，我不可能成为一家财富 500 强公司的首席执行官。但世界已经改变，我们也该改变我们看世界的方式了。

世界观是一个有趣的术语，植根于认知哲学。简而言之，它是指一个人对跨越政治的、社会的和经济的整个世界总的看法。我们的共同经验是什么，以及我在成为首席执行官之前被问及的问题“我们为什么存在”，促使我改变我的技术世界观；同样，现在微软的每一位领导者也都在改变他们的技术世界观。我们的世界已经不再是以个人计算机为中心的世界。计算变得无所不在，智能也变得越来越普遍，这意味着计算机可以观察、收集数据，然后将数据转化为洞见。在我们的生活、商业和更广阔的世界中，数字化浪潮在不断高涨。这得益于不断扩大的联网设备网络、强大的云计算能力、基于大数据的洞见和基于机器学习的智能。一番简要概述之后，我鼓励微软转向“移动为先，云为先”。不是个人计算机为先，甚至也不是手机为先。我们要想象一个重视人类体验跨设备流动的世界。在这样一个世界里，云使得这种流动性成为可能，并产生新一代的智能经验。我们在各业务领域开展的转型将会帮助微软和我们的客户在新的世界里蓬勃发展。

通过嫉妒心激发改变可能会容易一些。我们可以嫉妒苹果打造的 iPhone（苹果手机）和 iPad（苹果平板电脑），或者，我们可以嫉妒谷歌开发的低成本安卓手机和平板电脑。但嫉妒是消极的，是外部导向的，而不是内部驱动的。所以我知道，嫉妒不会让我们在真正重生的路上走太远。

我们也可以通过竞争热情实现自我激励。微软一向擅长集中力量发起冲锋。媒体喜欢看到这种局面，但我不喜欢。我的方法是，通过工作的使命感和自豪感实现领先，而不是通过嫉妒或好斗。

我们的高级管理团队发现了竞争格局中一个空白，而这个空白恰好是微软可以填补的。你看，虽然我们的竞争者定义了产品的移动性，但我们可以定义人类体验的移动性，我们的云技术可以让这种移动性成为可能。移动性和云这两种趋势合在一起，构成了我们转型的基础。事实上，我们的首席营销官克里斯·卡波塞拉，就依据我在该问题上的阐述，为微软云（Microsoft Cloud）制作了一则广告。在该广告中，西班牙皇家马德里足球队正在发起猛烈进攻，格莱美奖获得者、嘻哈艺术家康芒（Common）对观众说："我们生活在移动技术的世界，但移动的并不是设备，移动的是你。"

这则广告是为更广大的受众制作的，但也提醒我们要记得我们的根本，以及我们几乎失去的灵魂。通过开发数量最多的、价格最实惠的计算设备，微软引领了个人计算机革命。但通过免费的安卓操作系统，谷歌找到了狙击 Windows 的方式，而我们在这一方面却未能采取足够及时的应对措施。2008 年，基于 Linux 的安卓智能手机开始大举抢占市场；当前，基于该系统的已激活设备规模超过 10 亿部。

回过头来看，在我成为首席执行官之前的 2013 年 9 月，我们宣布与诺基亚交易，那也是一个令人痛苦的例子。在错失兴起的移动技术之后，我们不顾一切地加快了追赶步伐。在 20 世纪 90 年代超过摩托罗拉（Motorola）成为全球最大手机制造商的诺基亚，败给了苹果的 iPhone 和谷歌的安卓手机；诺基亚的市场份额从全球第一降到了第三。2012 年，在为收复市场而采取的一次冒险行动中，诺基亚首席执行官史蒂芬·埃洛普宣布，诺基亚将采用 Windows 作为诺基亚智能手机的首要操作系统。诺基亚和微软确实取得了一些进展（在一些欧洲国家的市场份额达到了两位数），但依然远远落后第一、第二名。此次并购的背后考虑是，诺基亚工程和设计团队与微软软件开发团队的联合，将加快微软 Windows Phone 的增长，并将改善微软整体的设备生态系统。这一并购可以说是 Windows 在移动市场为追赶 iOS 和安卓所采取的一次大规模行动。

对于这个并购想法，媒体持批评态度，微软董事会也表示反对。那个夏天，在商谈现金收购诺基亚期间，史蒂夫·鲍尔默要求他的管理团队成员，也就是他的直接下属，对这一交易进行表决。他希望通过公开投票了解一下团队的态度。我投了反对票。我尊敬史蒂夫，也理解扩大市场份额、打造第三大可靠生态系统背后的逻辑，但我实在想不明白这个世界为什么需要第三个手机生态系统，除非我们能够改变游戏规则。

在我出任首席执行官几个月后，收购诺基亚的交易正式完成，我们的团队着力开发采用新设备和新操作系统且能提供新体验的 Windows Phone。但要收复我们已经失去的领地，为时已晚。我们已经被竞争对手远远甩在了后面。几个月后，我宣布这笔交易失败，并计划裁减近 1.8 万个工作岗位，其中大部分裁员是因为这次对诺基亚设备和服务部门的收购。裁掉这么多有才华的、热爱工作的员工，让人感到心痛。

领导者可以从诺基亚并购交易中学到很多教训。收购低市场份额公司一向充满风险。进军移动计算领域，我们最需要的是一种全新的、与竞争对手区隔的战略。我们所犯的错误在于，一开始就没有认识到我们最强大的实力已经是我们公司灵魂的一部分：为 Windows 开发新硬件，让计算更趋于个性化，以及让我们的云服务横跨任何设备和任何平台。只有在我们掌握了真正不同的技术之后，我们才能进入手机业务领域。

之后，我们严格遵循了这一关键洞见，将更多精力放在组织所需的 Windows Phone 开发上。比如，这些企业客户现在就很喜欢跨屏切换（Continuum）功能，该功能可以让手机取代个人计算机。为进一步参与移动市场，我们还开展了 Office 的跨设备应用。现在回想起来，我最遗憾的是公司裁员对手机部门那些非常有才华、有激情的员工造成的影响。

*

在我出任首席执行官后不久，比尔·盖茨有一次和我一起从一栋办公楼去另一栋办公楼会见《名利场》（*Vanity Fair*）的一名记者。比尔决定继续留在董事会，但会卸任董事长一职。他与妻子梅琳达联合创建的基金会，那时已经成为他的主要工作，不过他对软件和微软依然保持着激情。路上，他和我谈起一个可以打破文件和网站界限的新产品。我们一起讨论如何开发一个具备丰富报告撰写功能的架构，它不是静态页面，而是一个具备交互式网站所有丰富性的架构。我们很快就谈到了细节问题，并就可视化数据结构和存储系统交流了彼此的看法。比尔一度盯着我，并笑着说，讨论软件工程的感觉太好了。

我知道，要想重新发现微软的灵魂，行动之一就是让比尔回来，让他更多、更深入地介入我们的产品和服务的技术愿景中。在微软，能同比尔一起讨论软件产品是有传奇意义的。在 1994 年出版的滑稽小说《微软奴隶》（*Microserfs*）中，道格拉斯·柯普兰（Douglas Coupland）写了比尔影响微软程序员的幽默一幕。一个名叫迈克尔的开发者在上午 11 点时将自己锁在了办公室里，原因是比尔看了他写的一些代码之后，给他发了一封怒气冲冲的邮件。在他所在的那层办公楼，还没有人被比尔亲自批评过。“这个插曲自带光环，我们多少有一点羡慕。”到凌晨两点半时，由于担心他挨饿，迈克尔的团队成员去24小时营业的喜互惠超市（Safeway）给他买“扁平”的食物，以便从门下面的缝隙中塞进去。虽然这种夸张的描述并不能准确反映我想创建的那种文化，但我知道，让我们的这位创始人重新回到我们的产品开发流程中，将会激励我们的团队，并会提振我们的优势。

在上任之初的几个月里，我兑现了在感恩节期间写的那份提交给董事会的备忘录中的承诺，将很多时间拿出来倾听各方面的声音。我同公司所有负责人见面，并强调走出去的重要性，告诉他们要像我一样去拜访合作伙伴和客户。在听取客户意见和建议的同时，我也一直试图回答两个问题。第一个问题，我们为什么会在这里？这个问题的答案对公司今后多年的发展至关重要。第二个问题，我们接下来要做什么？在影片《候选人》（*The Candidate*）中就有这样一个美妙的剧终场景：赢得最终选举的罗伯特·雷德福（Robert Redford）将他的顾问拉进一个房间，然后问：“我们现在做什么？”首先，我决定去听。

我和数百名来自公司不同层级和不同部门的员工进行了直接交谈。我们还设有焦点小组（focus group），允许人们以匿名方式分享他们的意见。倾听是我每天要做的最重要的事情，因为这会为我之后的领导奠定基础。对于我的第一个问题，也就是微软为什么存在的问题，答案是清晰而明确的。我们的存在是为了打造可以赋能他人的产品。这就是我们想注入工作的意义。另外，我也听到了其他一些声音。员工对首席执行官的期望是，能够做出关键改变，但同时又能尊重微软最初的理想，即一以贯之改变世界的理想。他们希望有一个清晰的、明确的和鼓舞人心的愿景。他们希望能以一种透明的和简单的方式，更多地听到公司所取得的进展。工程师希望重新走上领先位置，而不是一路跟随。他们希望展现出酷的一面。我们拥有足以让硅谷媒体惊艳的技术，比如最尖端的人工智能，但我们没有向世界展示。他们真正需要的是一个可以终结停滞的路线图。举例来说，谷歌演示他们炫目的人工智能试验，登上媒体头条，而我们拥有世界一流的语音和视觉识别技术以及先进的机器学习技术，却秘而不宣。不过，我认为我们面临的真正挑战是，如何让我们的技术和工作提升我们的认同感，并做出符合微软个性、为客户提供独特价值的产品。

对于我的第二个问题，也就是我们何去何从的问题，我认为微软新的首席执行官在上任第一年时，需要尽快做好以下几件事情。

• 就使命感、世界观和商业及创新愿景进行明确的、定期的沟通。

• 自上而下驱动文化变革，让合适的团队做合适的事。

• 建立耳目一新、出人意料的伙伴关系，共同做大蛋糕，并做到客户满意。

• 时刻准备赶上下一波创新和平台变革浪潮，在“移动为先，云为先”的世界里寻求机遇，并快速执行。

• 坚守永恒的价值观，为普通大众重建生产力和经济增长。

这并不是一个成功秘诀清单，因为即使在今天，微软也依然在蜕变之中。短时间来看，我们并不清楚我们的方法会产生什么样的持久影响。

2014 年夏至 2015 年夏，我们稳步推动变革。在上任之初的几个月里，我带着强烈的好奇心广泛听取各方面的意见和建议，是时候采取行动了，而且要坚定自信地采取行动。我在微软的第一个头衔是“技术布道者”，这是技术领域的一个常见术语，喻指推动某一标准或产品达到临界规模的人。现在，我在传播有助于我们重新发现微软灵魂的理念。在很大程度上，一家公司的使命是它的灵魂的表述，而这也是我最先着手的地方。

微软是一个有着 10 万余人、分支机构遍及全球 190 多个国家和地区的组织。为确保相关理念不打折扣地注入这个组织中，我们在公司使命和公司文化之间建立了明确的关系。我们用一页纸定义了我们的使命、世界观、愿景和文化；对一家喜欢超长版本 PPT 演示文档的公司来说，这是一个不小的成就，但也是相对容易的部分，难的是不歪曲它，忠实地遵守它。每次讲话前，我都想更改一两个单词，或者增加一两行内容，就是随意修改。然后，我会提醒自己，“一致性胜过完美”。

在我担任首席执行官之前的几年里，我们的管理团队将太多的时间用在解释这个庞大的公司及其战略上。我们需要一种共识。我们建立起的简单框架有助于人们将公司理念贯彻下去。

在上任之初的这几年里，我的工作就是让变革不断地进行下去。当然，这需要定期的沟通，但就我个人以及我们的高级管理团队来说，这还需要纪律性和一致性。我们要去激励和推动变革。我们挑战自我：“在明年结束的时候，如果我们在法院被审判，指控罪名是我们没有追求我们的使命，那么是否有足够证据判决我们有罪？”只讲有趣的事情是远远不够的。包括我在内的所有人，都必须付诸行动。要让我们的员工看到我们在强化使命、愿景和文化方面所做的种种努力。这样一来，他们也会照做。

我们的三大愿景决定了我们如何组织团队以及如何汇报成果。我们的使命指引我该去哪里以及在那里该与谁见面。我的旅行日程通常是从访问某一社区中的学校或医院开始的。我特别喜欢参加哥伦比亚和新西兰原住民的仪式活动，了解他们如何利用微软的技术来保护他们的历史和世世代代的传统，以及他们对成长的看法。除此之外，我们还对尘封已久的产品和计划“开绿灯”，与竞争对手建立合作伙伴关系，在出人意料的地方出现，将可访问性作为产品设计的首要考虑因素，并不断到世界各地出差，与我们的员工、合作伙伴和客户多加接触。

2014 年 7 月 10 日，星期四，距离微软新的财年只有几天的时间，我在早上 6 点 02 分给公司全员发了一封类似于宣言的邮件。之所以挑早上这个时间点，是因为在美国任一时区的员工，都会在上班时收到这封邮件，而世界其他地区的员工，则会在周末之前收到这封邮件。我们是一家全球性公司，思考也要国际化。“为加快创新步伐，我们必须重新发现我们的灵魂，即我们独一无二的核心。我们必须理解并拥抱只有微软才能带给世界的东西，以及我们如何才能再次改变世界。我认为，我们当前所做的事情比以往更大胆，也更富有野心。微软是‘移动为先，云为先’世界里提供生产力和平台的专家。我们将重塑生产力，予力全球每一人、每一组织，成就不凡。”

我在邮件中写道，生产力远不只是文档、电子表格和幻灯片那么简单。越来越多的人被移动设备、应用程序、数据和社交网络构成的海洋淹没，我们将致力于帮助智能时代的人们。我们将开发更具前瞻性、更具个性化和更具辅助功能的软件。我们将把客户视为“双重用户”，这是因为人们既会将技术用于工作和学习，也会将技术用于个人数字生活。在这封邮件中，我插入了一张靶图，中心位置的文字是“数字工作和生活体验”，周围是我们的云平台和计算设备。很快，这个世界上接入互联网、传感器和物联网（IoT）的人就会达到30亿。是的，个人计算机销量正在下滑，所以我们要把尼采所说的“直面现实的勇气”改成“直面机遇的勇气”。我们要赢得数十亿的联网设备，而不是忧虑不断萎缩的市场。

员工们很快就给出了回应。仅仅在最初的 24 个小时里，我就收到了数百封来自公司不同地区和不同部门员工的邮件。他们说，邮件中提到的“予力全球每一人、每一组织，成就不凡”，让他们深受启发，并表示要将这一精神运用到日常工作中；他们包括程序员、设计师、市场营销人员和客户支持专员等。很多人都提出了有益的建议和想法，我最喜欢的就是进一步挑战传统思维。为什么 Xbox 能从传统电视时代起延续至今，而有线电视盒却在逐渐衰落？如果 Kinect 感应器——用于视频游戏和机器人的情绪感应设备——装备有翅膀或轮子，可以寻找丢失的钥匙或钱包，那会怎样？很多人在给我的邮件中表示，在多年的挫折之后，他们感受到了一种新能量。我绝不错失这一机会。

我们向跟踪报道微软的媒体提供了这封邮件的副本。很快，这些媒体就对我领导下的微软的未来做了相关报道。《纽约时报》重点关注的是正在进行的文化转型。《华盛顿邮报》对我的引经据典感到欣喜，“穿插文学语言，并用在了合适的地方”。彭博社则提醒我们，以生产力为重点的微软要想在企业和消费者两个世界取得成功，“它需要开发一些与宣传相符的产品”。他们说的没错。我们希望客户不只使用我们的产品，还热爱这些产品。

阐述我们存在的核心理由以及我们的商业愿景是一个好的开始，但我也需要合适的人和我一起领导这些变革。几个星期之后，我宣布长期在高通担任高管的佩姬·约翰逊将加入公司任业务拓展负责人，她会通过并购和建立合作关系等方式，领导开发令人兴奋的新产品、新服务。几个星期之内，我们就收购了广受欢迎的在线游戏《我的世界》，我们认为这将会提振我们的云业务和设备业务。又过几个星期之后，我宣布负责微软全球咨询和支持业务、曾在全球管理咨询公司麦肯锡以及甲骨文工作过的凯瑟琳·霍根担任公司首席人才官，并和我一起负责公司的文化转型。我说服库尔特·德尔贝恩重回微软，担任公司首席战略官；库尔特担任过公司 Office 部门的负责人，后应总统奥巴马邀请，负责政府医疗保险网站 Healthcare.org 的相关工作。我们原先有两个人负责市场营销工作，我选定由克里斯·卡波塞拉一人担任这一角色。此前和我一起开发云业务的工程搭档斯科特·格思里，出任微软云和企业业务负责人，而这也是我们增长最快的业务。

随着时间的推移，这些变化也意味着一些高管的离开。他们都是很有才华的人，但高级管理团队需要成为一个有共同世界观和有凝聚力的团队。任何具有重大意义的事情的发生，比如伟大的软件，创新的硬件，甚或是可持续的机构，都需要一个伟大的头脑或者一组默契的头脑。我不是说那种唯唯诺诺的人。辩论和争论是绝对必要的，就彼此的想法提供改进意见和建议是至关重要的，我希望人们畅所欲言。“哦，这是我做的一个客户细分调研”“这里有一个与该想法相悖的定价策略”……学院派那种辩论赛是很好，但同时，我们也需要高质量的共识。我们需要的是一个能够接纳彼此的问题、促进对话和高效率的高级管理团队；我们需要每一个人都将高级管理团队视为他们的最重要的团队，而不仅仅是当作他们参加的另一场会议；我们还需要在使命、战略和文化上保持一致。

我喜欢把我们的高级管理团队想象成“超级英雄军团”，每一位坐在会议桌前的领导者都拥有独一无二的超能力。埃米的超能力是良知，让我们在工作中保持理性诚实与担当。库尔特鞭策我们严格落实战略和运营。产品负责人如特里、斯科特、沈向洋，以及新上任的拉杰什·杰哈（Rajesh Jha）和凯文·斯科特（Kevin Scott）等推动产品计划的一致性，他们深知领导层面上的战略若失之毫厘，那么我们的产品团队在执行上就会谬以千里。布拉德帮助引领我们在一个不断演化的法律和政策环境中前行，而且总能就重大的全球性和国内问题找到合适的解决方案。凯瑟琳持续传达员工的心声。佩姬负责收集合作伙伴的意见和建议，克里斯、让–菲利普·库尔图瓦（Jean-Philippe Courtois）和贾德森·阿尔托夫（Judson Althoff）则负责客户的意见和建议。他们是我们持续转型中的真正英雄。

我们非常清楚的一点是，除了高级管理团队之外，我们还需要一个更广大的管理者团队，具体负责我们的使命的塑造和文化的建设。在我的记忆里，微软每年都会组织一次务虚会，约有150名公司高层管理者会受邀参加。我们集体离开办公室，然后去一个距离我们总部大概两小时车程的偏远山区，住进当地一家安静、舒适的酒店。在那里，我们将致力于在战略上达成共识。举办这种务虚会，一直以来都是一个很好的想法。与会团队分享各自的产品计划，演示各自的最新技术突破。每个人都很高兴能有这样的机会与同事聚餐、交流。但有一件事情让我深受困扰。在密林深处，这么多有才华、有能力和高智商的人聚在一起，竟然各说各话。而坦白地讲，大部分讨论都只是在吐槽彼此的想法。够了。我觉得是时候点击刷新和开展试验了。那年，我们做了若干象征变革的事情，并让高层管理者全面参与。我不只需要他们相信我们对未来设定的方向，而且需要他们帮助我们到达目的地。

务虚会的第一个变化是邀请此前一年我们并购的公司的创始人参加会议。作为微软新晋领导者，他们以使命为导向，具有创新精神，出生在“移动为先，云为先”的世界。他们有着新的外部视角，我知道我们能从他们身上学到东西。唯一的问题是，鉴于他们在公司中的职务和层级，大多数领导者并不具备参加这种高管务虚会的“资格”。更糟糕的是，他们的主管，甚至他们的主管的主管，也没有资格参加。要知道，务虚会是仅限于公司最资深管理者参与的会议。邀请新人参加并不是一个广受欢迎的决定。但在务虚会上，他们展现出了自己的热情，浑然不知他们所打破的传统。他们分享各自的经历，他们逼着我们朝着更好的方向发展。

务虚会的另一个变化是在会议期间安排客户拜访活动。同样，这也不是一个受欢迎的决定；相反，它还遭到了很多白眼和抱怨。为什么我们要在务虚会期间会见客户呢？我们在正常的业务过程中已经见过他们了。你以为我们不了解客户的真正需求吗？但这种冷嘲热讽并没有阻止我们的步伐，在务虚会的第一天上午，我们便聚在了会议室。我们分成十几个小组，然后分头乘车，每辆车上都有一位神经紧张的客户经理负责带队，成员包括公司最高层的研究人员、工程师，以及来自销售、市场营销、财务、人力资源和运营部门的最高层管理者，各成员之间并没有密切的共事经历。穿过普吉特海湾区，我们的车分别开往不同的地点去拜访客户，这些客户来自中小学校、大学、大企业、非营利组织、初创公司、医院、小企业等等。我们的高管听取客户的意见和建议。他们一起学习，彼此间建立起新的联系。他们放下了指向彼此的“枪”，发现了微软可以达成使命的新方式。他们感受到了跨部门的多元化团队共同解决客户问题的威力。

在此次试验性的务虚会上，我们做的最重要的事情或许就是让领导者就我们的文化变革进行更开放和更坦诚的对话。我们的首席人才官、与我一起推动公司文化转型的凯瑟琳·霍根以及我个人，都很清楚我们需要得到这个团队的反馈和支持。所以，在西雅图结束一天漫长的客户拜访活动，回到山区酒店之后，人们再次被随机分成了 17 个组，每组约有 10 人。然后，他们坐在餐桌前，分享各自关于公司文化立足之处以及如何推进文化转型的看法和想法等。我们中的一些人猜测这种活动可能没有意义——他们只是象征性参与而已。我们觉得这些领导者会厌倦，会吹毛求疵。他们希望和他们自己的朋友聚在一起。他们会说文化转型是我的职责或人力资源部门的职责。

我们完全错了。讨论一直持续到晚上，这一层的管理团队从其他领导者的领导经验中得到了启识，并就如何打造我们渴望拥有的企业文化展开了头脑风暴。

第二天早上，凯瑟琳和各小组的负责人与我聚在一起吃早餐，顺便向我汇报他们的收获，并分享了前一天晚上他们在头脑风暴中收获的好想法。每个人都充满激情，蓄势待发，而这种能量是具有感染力的。在这次务虚会上，那些伟大的想法鼓舞了我，但更鼓舞我的是我们的领导者的深度参与和承诺。我们知道我们需要加强这一势头。于是，我们将各讨论小组的负责人纳入公司的“文化内阁”——这是一个由令人信赖的顾问和高层管理者组成的团体，致力于帮助我们塑造和引领公司上下的文化变革。这是发轫于内部的变革。

到 2015 年夏，我们的领导团队已经成熟，而公司也开始呈现良好势头。我们有史以来最雄心勃勃的 Windows 版本——Windows 10 即将发布。Surface Pro 3（微软的第三代平板电脑）的推出表明消费者和企业都希望用平板电脑取代笔记本电脑。我们发布了适用于包括 iPhone 在内的跨所有设备的 Office 应用，而我们基于云平台的 Office 365 增加了近

1000 万用户。微软意在与亚马逊竞争的云平台 Azure 业务增长迅速。在我发出那封邮件之后的几个月里，我们的领导团队对备忘录内容进行了提炼，并决定改变公司的使命陈述。我们的转型已经在进行中，虽然我们还有很长的路要走。

在那次务虚会之后不久，我安排了一次为期一周的亚洲之行，首先是去中国参加一次重要会议。我每个周末都会给母亲打电话。由于这次是周六出差，我决定在登机前给她打电话。那天刚好是印度的乌贾迪节（Ugadi）——我们那个地区的新年。我并没有意识到这个节日，所以母亲在电话中提醒我，并祝我新年快乐。那是一个简短的电话，因为我到机场的时候已经有些晚了，我们简单聊了一下那个星期的事情，以及接下来要做的事情。她问我现在工作得开不开心，我告诉她我很开心，然后我们就像往常一样结束了电话。现在想来，这真是万幸，因为在距离飞机降落还有两个小时的时候，我收到了安努从家中发来的一封邮件，忧心忡忡地问我是否已经降落。我感觉有些不对劲，几番询问之后才得知母亲突然去世了。我既震惊又悲伤，取消了原定的行程，然后匆忙赶回海得拉巴。随着时间的推移，我意识到母亲的离去虽然令人痛心，但她一直活在我的心中，永远都在。直到今天，她的宁静安详与正念仍在塑造我与他人相处以及我与世界互动的方式。

接下来的几个月里，我一直在思考母亲在我生命中扮演的角色，以及她对我的不断鞭策，敦促我从所做的事情中找到满足感，找到意义。那个春天，在准备向全球员工分享我们的新使命和新文化时，母亲带给我的想法一直在我脑中。7月，我怀着乐观的心情飞往佛罗里达的奥兰多。每年7月，大约1.5万名直接服务客户的微软员工会参加公司举办的全球峰会，听取公司最新的战略和行动计划，并观看公司正在开发的新技术产品的展示。这次会议对我来说是一个机会，一是让员工了解我们所取得的进展，二是让他们参与到正在推行的各种变革中。

会议现场有成千上万的同事。我在后台排练时想，我该如何描述我们的新使命以及文化转型的急迫性。微软人在演讲时通常会演示无数的幻灯片，但我并不是特别依赖幻灯片或演讲者备注。这样，我可以畅所欲言，自由自在地表达我的想法和感受。让每个家庭、每张办公桌上都有一台电脑是比尔和保罗40年前为微软确定的使命，但它更像是一个目标，是那个时代激励人心的目标。我在这方面想得越多，就越想探求这背后的激励因素：是什么最先激励我们开发个人电脑的？在那台原始电脑Altair（牵牛星）上为BASIC解释程序写下第一行代码，这背后的精神又是什么？是的，是为他人赋能。“予力全球每一人、每一组织，成就不凡”，至今仍激励着我们前行。在登上演讲台时，我说我们是一家想帮助别人做更多的企业，我们不仅要赋能美国西海岸的初创公司和技术爱好者，还要赋能全球的每个人。助力人们以及他们的组织成就不凡是我们的理想。这是我们决策的出发点，也激发着我们的热情，它让我们变得与众不同。我们做事是为了帮助其他人做事、做成事。

这就是我们的核心使命。不过，我们的员工和合作伙伴，包括埃森哲（Accenture）、百思买（Best Buy）、惠普和戴尔，希望听到更多的信息。他们想知道我们的商业优先事项。为兑现这一赋能承诺，我表示我们必须围绕三个息息相关的愿景调动我们所有的资源。

第一，我们必须重塑生产力和业务流程。我们需要进化，将不再仅仅局限于开发个人生产力工具；我们将基于协作、移动、智能和信任四大原则，着手设计针对计算的智能架构。人们仍以个人方式从事重要工作，但协作是新常态，所以我们开发赋能团队的工具。我们渴求协助所有人提高生产力，无论他们身在何处，也无论他们使用何种设备。数据、应用程序和设置等所有内容，都必须能在不同的计算体验间移动。智能是一种神奇的力量倍增器。要想在数据爆炸时代取得成功，人们需要利用智能帮助他们管理最稀缺资源即时间的分析工具、服务和智能助理。最后，信任是我们打造一切事物的基石。正因为如此，我们在安全和合规方面加大投资，让我们成为业界标杆。

第二，我们将构建智能云平台，这与第一个愿景紧密相关。今天，每一个组织都需要新的云基础设施和应用程序，通过运用先进的分析工具、机器学习和人工智能，将海量数据转化为预测和分析能力。从基础设施的角度来看，我们将坚守承诺，在世界各地建立数十个独一无二的数据中心，打造全球性的、超大规模的云平台。在接下来的几年里，我们每年将投入数十亿美元建设更多基础设施，以便我们的客户扩展解决方案，而无须担心他们自己的云平台的能力或在透明性、可靠性、安全性、隐私性和合规性方面的复杂需求。我们的云服务是完全开放的，并提供不同选择，可以支持各式各样的应用程序平台和开发工具。我们将把我们的服务器产品打造成云服务的利器，使之真正支持混合计算。届时，它将不仅仅是驱动增长的基础设施，还将是我们在所有应用程序中注入的智能。我们将为视觉、语音、文本、推荐，以及人脸和情绪检测提供认知服务。开发者可以在他们的应用中使用应用程序接口（API）提供看、听、说，以及判断周围环境的多元解决方案，提升用户体验。我们的智能云可以让初创公司、小企业和大公司都能运用这些功能。

第三，我们需要创造更个性化的计算，推动人们从需要 Windows 到选择 Windows 进而爱上 Windows。正如我们将通过云计算改变商业和社会一样，我们也需要推动工作场所革命，帮助组织和人们提升工作效率。我们以一种新的理念推出 Windows 10，那就是让 Windows 成为一种服务，支持跨产品传递价值。我们设计开发的 Windows 10 可以以更新、更自然的方式实现与设备的互动和接触——你可以提问题，书写笔记，用笑脸或触摸板手势确保最重要资料的安全。所有这些体验都以用户至上为原则，所以他们可以进行跨设备的无缝衔接——从个人计算机、Xbox、手机和 Surface Hub 到微软 HoloLens 和 Windows 混合现实设备。

我们需要与员工和合作伙伴一起面对即将到来的改变，我们也需要华尔街的支持。我们的首席财务官埃米·胡德理解我们的方向。她也是我最重要的合作伙伴，提供各项业务最精确的数据。她的工作是极为重要的。在我第一次参加财务分析师会议之前，埃米帮助我将公司的使命和愿景转化为投资者需要听到的语言和目标。比如，在云业务方面，她协助定下了达到200亿美元的目标，这是投资者感兴趣的，也是他们会持续追踪的目标。在个人计算机和手机业务不断下滑的情况下，我们从一种守势思维转变为攻势思维，并让我们从偏离轨道重新回到了正轨，再度把未来握在手中。

重新发现微软的灵魂，重新定义我们的使命，并阐述我们的商业愿景，这对投资者和客户是有利的，对我们公司的成长也是有利的。而在成为首席执行官之后，这也是我的优先考虑事项。我们要制定正确的战略，这是重中之重。但正如管理大师彼得·德鲁克（Peter Drucker）所言："文化把战略当早餐吃。"在奥兰多那天上午演讲的最后，我将重点放在了微软文化的转型上，这将是我们使最大力气的地方，也是我们面临的最大困难。

*

在一个坐满1.5万人的场地，现场寂静得让人吃惊，而你又是站在一个炫目灯光完全遮蔽视线的舞台上，它会让你更紧张。这就是我当时在奥兰多舞台上的心情。我一度喉咙哽咽。我即将阐述的这个话题对当下微软走上正轨至关重要；对我个人来说，这同样是一个至关重要的话题。

"演讲的最后，我想谈一谈我们的文化。对我来说，文化就是一切。"我说。

在过去的许多年里，比尔和史蒂夫面向员工发表过很多这样的年度演讲。比尔通常会把重点放在未来，预测技术趋势以及微软如何引领趋势；史蒂夫善于提振士气，让每个人都处于极度的兴奋中。我则不同。在演讲的前半部分，我阐述了我们新的使命，它源于我们对公司灵魂的重新发现。我讲到了一系列新的商业愿景。但正如在感恩节期间写给董事会的备忘录中所预示的，真正的变革依赖于文化变革。

文化或许是一个模糊、难以捉摸的词汇。文学理论家特里·伊格尔顿（Terry Eagleton）在他极具洞察力的《文化》（*Culture*）一书中写道，文化的概念是多面向的，是“一种社会无意识”。他对文化进行精准概括，并给出了四种不同的含义，但对一个组织来说，与文化最相关的是人们日常生活中所坚守的价值观、风俗、信仰和具有象征意义的实践。文化是由行为组成，这些行为成为习惯，并累积成某种一致且有意义的东西。现居爱尔兰的伊格尔顿指出，他们国家的邮箱是文明的证据，但所有邮箱都被涂成了绿色，就成了文化的体现。我认为文化是一个由个体思维组成的复杂体系，比如在我前面的这些人的思维。文化是一个组织思考和行为的方式，但塑造它的却是个人。

就我个人而言，我之所以成为现在的我，与我在印度的父母以及我在西雅图的家庭是分不开的，他们的语言、习俗和心态影响了我，也持续引导着我。在海得拉巴，我的那些同学虽然背景不同，却有着共同的学习思维，激励他们成为政界、商界、体育界和娱乐界的领导者。在我的成长经历中，我一直被鼓励保持好奇心，不断突破自己的能力极限。现在，我开始了解这种思维对微软的重要性，因为它背上了过去成功的负担。

那年早些时候，安努给了我一本卡罗尔·德韦克（Carol Dweck）博士写的书，名为《终身成长：重新定义成功的思维模式》（*Mindset: The New Psychology of Success*）。德韦克博士研究的是如何通过自信来克服失败。“你所采取的观点将深刻影响你所过的生活。”她把这个世界分为学习者和非学习者两种，表示固化型思维会限制你的发展，而成长型思维则会推动你前进。先天条件只是一个起点。激情、努力和训练才能帮助你快速进步。（她甚至还写了颇具说服力的“首席执行官病”，即不具备成长型思维的商业领导者的问题。）

在送给我德韦克博士的书时，我妻子心里想的并不是我的成功。她想的是我们有学习障碍的女儿的成功。在她确诊之后，我们走上了一条帮助她的探索之旅。首先是内心的调整，我们要照顾她，而且自己也要学习。接下来是付诸行动。我们在加拿大温哥华找到一所专门接收有学习障碍孩子的学校。为了加强对她的常规教育，我们有5年常年往返温哥华和西雅图，而且这期间还要照顾在西雅图的扎因，一家人很难聚在一起。

所有这些意味着很多层面上的分离：丈夫与妻子，父亲与女儿，母亲与儿子。我们在两个国家维持着两种生活。无论是雨里、雪里还是夜里，安努总是驱车奔波数千公里，往返于西雅图和温哥华，而在这5年里，我每隔一个周末也会飞往温哥华。那是一段难熬的时期。不过，安努和我们的女儿在加拿大交到一些很优秀的朋友，我们一家人也由此知道这样的困境是普遍存在的。来自加利福尼亚、澳大利亚、巴勒斯坦和新西兰的家庭聚到温哥华的这所学校，他们一样面临着种种问题和挑战。我发现，正视这些普遍存在的困境会让人产生普遍的同理心——孩子、大人、父母和教师彼此之间更容易相互理解。我们从中学到，同理心是不可分割的，是全世界共享的价值。我们从中还学到，同理心对于解决任何地方的问题都至关重要，无论是微软的问题还是家中的问题，也无论是美国国内的问题还是全球性的问题。这是一种思维，也就是我们所说的文化。

在那次全球销售会议上，我的心中充满了对孩子的同理心，以及对现场听众的同理心。

“我们可以实现所有的远大抱负。我们可以实现所有的远大目标。我们可以实现新的使命。但这需要我们坚持和传承我们的文化。对我来说，文化并不是一成不变的，而是一种动态的学习型文化。事实上，我们可以用‘成长型思维’来描述我们的新的文化，因为我们的文化是关于我们每一个人的；任何持有这种态度和这种思维的人，都能摆脱束缚，战胜挑战，进而推动我们各自的成长，并由此推动公司的成长。”

我告诉同事们，我讲的并不是净利润的增长，而是我们个人的成长。如果我们每个人都能在工作和生活中成长，那么我们作为一家公司也会成长。我妻子安努和我有幸有了三个可爱的孩子，我们得了解他们的特别需求。他们的到来改变了我们的一切。“孩子让我们走上这段旅程，培养更多对他人的同理心。我觉得意义最重大的是有能力创造新想法和展现同理心，这种能力和这种同理心结合起来，会产生巨大的影响力。这是最让我感到满意的，同时也是我选择微软的原因所在。我希望你们每一位在微软工作的人都具备这种能力和这种同理心。”

我们的文化旨在点燃个人激情，并将微软作为平台追求这种激情。对我个人来说，我最高兴的是看到技术使残疾人的生活越来越便利，并以无数种方式帮助他们提高生活质量。

同我的前任史蒂夫·鲍尔默往年的演讲一样，在年度会议即将结束的时候，我呼吁大家行动起来，只不过这次呼吁有着截然不同的心境和目的。我要求员工想想他们内心深处对什么最有热情，并将这种热情与我们的使命和文化联系起来。这样一来，我们就会实现公司的转型，就会改变这个世界。当你是一名首席执行官时，这样的目标很容易想象，但当一名员工的视野较窄时，比如马来西亚的一名市场营销人员或得克萨斯州的一名技术支持人员，这样的使命看起来就有些遥不可及。所以，我在演讲中提到挑战可能会使人畏缩。我想知道的是，我的演讲有没有让在场的听众产生一种共鸣？或者，我的演讲是否让他们感到一头雾水，甚至无动于衷？

我开始感到情绪有些难以控制。于是，我匆匆略过最后一张幻灯片，然后快速退下舞台。吉尔指了指听众席的通道，而不是我的休息室通道，然后说："跟大家一起看吧。"屏幕上开始播放我们之前一年所取得的进展，以及我们面临的以使命为驱动的广泛机遇。我通过一个侧门悄悄走进听众席。在一片漆黑的舞台下，没有人能看到我。每个人的眼睛都盯着大屏幕。环顾四周，我在想这是什么样的气氛。每个人都沉浸其中，有的人还轻轻擦起了眼泪。看到这些，我知道我们正朝着目标迈进。

HIT REFRESH

04

文化复兴

从“无所不知”到“无所不学”

几天之后，我去了肯尼亚的纳纽基，在那里，我走进一个基于太阳能驱动的、由集装箱改装的网吧。我们的合作伙伴之一玛文古网络公司（Mawingu Networks）为当地农村社区提供低成本的互联网服务，让学童和家长有了一个获取知识的渠道。（在斯瓦希里语中，玛文古是“云”的意思。）事实上，在短短一年的时间内，当地的教育测试成绩就出现了大幅提升。

在这家网吧，我和克里斯·巴拉卡（Chris Baraka）驻足相谈。他是一名作家和教师，互联网成为他的一种谋生工具。我还注意到劳碌一天的农民会在这里短暂停留，查看谷物的价格。现场只有十余人，没有人知道我们正在庆祝微软核心战略产品——Windows 10 的全球发行。

微软 20 年前发布 Windows 95 时，出高价请滚石乐队演唱宣传主题曲《现在出发》（*Start Me Up*），并举行午夜零售派对，在媒体上掀起了热议。受此影响和推动，之后各公司的软件发布会的规模越来越大。竞争者试图通过奢华的发布活动压倒对方，并希望以此激发客户的购买热情。但此一时，彼一时，我们需要一个新的、能够反映时代特征以及我们的新使命和新文化产品发布战略。起初，我们的企业传播负责人弗兰克·肖（Frank Shaw）提供了一个包括视觉盛宴在内的一流的发布计划，比如用鲜明的 Windows 色彩灯光点亮悉尼歌剧院。他认为，Windows 10 的发布需要这类鼓舞人心的、吸引媒体关注的宣传形象，相关地点可以设在巴黎、纽约和东京等地，以期获得广泛的媒体报道。但我感觉这个方法不好。我认为，我们应该借此机会展示一个不同的微软。我们就这一问题展开了激烈讨论。我决定休息一小会儿，然后从会议室出来，准备喝杯咖啡。在此期间，我听到有团队成员私下讨论说，“我们应该在肯尼亚发布 Windows 10”。我们在肯尼亚有客户，有合作伙伴，也有员工，这是一个很有前途的国家，在基础设施和技术具备的情况下，它可以实现数字化转型的跨越式发展。

Windows 10 的发布事关的并不是一种产品，而是我们的使命。如果我们致力于赋能地球上每一人，那为什么不去地球的另一边，让这个目标实现呢？我穿过走廊来到弗兰克的办公室说："让我们碰碰运气。"我知道我们已经开发了一种低成本、高速率的互联网连接解决方案，该解决方案可以利用名为"电视空白频段"（TV white space）——未使用的电视频道之间的宽带频段——的创新技术，为农村贫困地区如肯尼亚的纳纽基提供网络连接。这样一来，我们展示的将不仅仅是 Windows 10，还能展示 Windows 10 为什么和所有人有关，而不管他们处于世界何地，也不管他们处于何种社会经济阶层。弗兰克想了片刻，然后表示同意。有什么方法能比在东非展示我们的新使命和新文化更好的呢？要知道，在利用技术推动经济增长方式转变和促进经济增长方面，这是一个典型的机遇和挑战并存的地区。我们可能不会像过去那样获得广泛的媒体报道，但我们展现的是我们渴望了解每一位客户的背景；这里所讲的客户也包括生活在非洲偏远村庄的农民，而对他们来说，技术工具意味着从赤贫到希望。基于这种新的文化思维，我们可以做到多听、多学、少说。

那么，这种成长型思维带来了什么呢？我们认为，过去那种将肯尼亚这样的国家称为发展中国家或将美国这样的国家称为发达国家的做法，是过于简单的。无论是肯尼亚还是美国，都有受过良好教育、精通技术、能够使用我们最先进产品的客户，同时也都有只掌握很少技能或缺乏技能的潜在客户。当然，每个国家每个群体的比例有高有低，但据此简单地将一个国家划分为发达国家或发展中国家是错误的。Windows 10 在肯尼亚的发布为我们公司定下了一个更具全球化的基调，同时也让我们收获了宝贵的经验。

首席执行官也就是 CEO 中的字母 C，我希望它代表的是文化。首席执行官可以说是一家组织的文化管理者。正如我在奥兰多对员工们说的，如果一家公司的文化是鼓励去听、去学，并以使命为导向激发个人的热情与才华，那么没有什么是不可能的。建立这样一种文化是首席执行官的首要职责。因此，无论是在公共活动如 Windows 10 的发布中，还是在演讲、邮件、推特、内部通知或月度员工沟通会中，我都会利用机会，鼓励我们的团队坚守不断学习的文化。

当然，首席执行官的劝诫式布道只是推动文化变革的力量的一部分，尤其是在一个规模庞大的、极为成功的组织内，比如微软。组织文化并不是一个能以一种理想方式简单解冻、改变、再冻结的事物。推动文化变革需要细致的工作，需要一些具体的理念。同时，它还需要显著的、明确的行动，抓住团队成员的注意力，并将他们推出熟悉的舒适区。

我们的文化原本是固化死板的。每一名员工都需要向其他人证明自己无所不知，证明自己是屋子里最聪明的人。责任担当，也就是按时交付和完成数字目标，是压倒一切的。会议是正式的。开会之前，一切都必须安排得井井有条，不能出任何差错。跨级别的会议基本是不可能的。如果一名高级管理者想利用组织内一名级别较低的员工的能力和创造力，他或她需要邀请的是该员工的领导，诸如此类。层级体系和啄食顺序是第一位的。如此一来，自发性和创造性也就受到压制。

我所希望的文化变革实际上植根于我最初加入的微软。它聚焦日常工作中的成长型思维，并以三种不同方式练习这种思维。

首先，我们必须以客户为中心。我们的业务核心就是要保持好奇心，以及保持用伟大技术满足客户未能表达的和未被满足的需求的渴望。如果对客户需求缺乏深刻洞见、缺乏同理心，那我们是无法做到这一点的。在我看来，这并不是一个抽象的存在，而是我们每个人每天都要练习的。当我们与客户交流时，我们需要倾听。这并非无意义的行动，因为它可以让我们预测客户的喜好。这就是成长型思维。我们要以初学者的心态去了解和学习我们的客户以及他们的业务，为客户提供卓有成效的解决方案。我们要不断从外界汲取知识，并将所学应用到工作中，同时不断创新，给客户带去惊喜，并赢得他们的喜爱。

其次，积极寻求多元化和包容性会让我们处于最佳状态。如果我们依照我们的使命阐述来服务这个地球，那我们就要忠实地反映这个世界的样貌。我们的人才要进一步多样化，而且要把更广泛的意见和观点纳入我们的思维和决策之中。在每次会议上，我们不只要听，还要尽可能地让其他人去讲，去表达自己的想法。包容性会帮助我们清楚地认识到我们的偏见，并会帮助改变我们的行为，这样才能够发挥出汇聚微软众人的力量。我们不仅尊重差异，还寻求差异，更展开双臂拥抱差异。因为只有这样，我们才能产生更好的创意、推出更好的产品，并且更好地服务我们的客户。

最后，我们是一个公司、一个微软，而不是各自为政的邦联。创新和竞争并不尊重我们的封地、我们的组织边界，所以我们必须学会打破这些壁垒。我们是一个由许多个体组成的大家庭，有着共同的使命。这个使命并不是在组织的舒适区内工作，而是要跳出舒适区，竭力满足客户的需求。这对一些公司来说是自然而然的，比如那些一开始就拥抱开源思维的技术公司。某一团体创建代码，创造知识产权，但同时又持开放态度，公司内外的其他团体可以检查和改进这些代码和知识产权。我告诉同事们，它们拥有的是客户情境，而不是代码。我们的代码可能也要如此，一方面服务于小企业，另一方面服务于公共部门客户。我们凝聚而成的合力，让我们的信念变得更加坚定，让我们的梦想变得更加触手可及。我们将相互学习，相互借鉴，打破藩篱，精诚合作，在我们的客户面前展现出作为整体的一个微软。

我们以客户为中心，保持多元化和包容性，上下一心，共同进退；在此基础上，我们训练我们的成长型思维。如此一来，我们就会坚守我们的使命，并会真正改变世界。综合起来，这些概念象征着我致力于打造的微软文化的成长方向。在任何合适的场合，我都会谈起这些理念。我会寻找机会改变我们的做法和行为，让成长型思维变得生动和真实。我们的文化变革的一部分，就是给予人们空间和余地，并将他们的声音和经验转变为话题。我最不希望看到的是，我们的员工把文化当成“萨提亚的事”。我希望他们把文化当成自己的事、微软的事。

为推动公司向学习型文化转变，我们发起了一年一度的黑客马拉松。黑客马拉松是公司 OneWeek 系列活动的一部分，该活动旨在鼓励园区员工建立关系、相互学习、寻找灵感、协同工作。围绕成长型思维概念展开的黑客活动意义非凡。在计算机程序员的亚文化中，黑客行为有着悠久传统，意在突破极限，创造性地解决难题或寻找机遇。在第一年的黑客马拉松中，来自 83 个国家和地区的超过 1.2 万名员工发起了 3000 多个黑客项目，比如终止视频游戏中的性别偏见、为残疾人提供更便捷的计算服务，以及改进产业供应链运营等等。

其中，有一个团队是由微软跨部门员工组成的。他们希望帮助患有失读症的孩子提高学习成绩。在微软，黑客马拉松已经成为有深度和有热情的人的舞台，他们来自 OneNote 和 Windows 等不同的产品组以及研究部门，联手发起一项活动。上述团队首先研究失读症相关科学，决定解决一个名为“视觉拥挤”（visual crowding）的难题。在一名软件工程师的带领下，该团队想方设法加大字母间距，使得单词更容易阅读。但他们并未止步于此。他们还增加了一项有效的沉浸式阅读功能，突出显示文本并可大声朗诵，进一步强化了阅读理解。他们开发的工具可以将单词分成音节，并突出显示动词和从句。他们收到了学生和教师的反馈。一名教师在给我们的邮件中讲述了她所教班级的成效，其中包括一名一分钟只能读 6 个单词的小男孩，即便偶尔能流畅地读出来，他也无法做到持续，但借助我们团队开发的工具，她看到了立竿见影的效果。这个小男孩更愿意尝试挑战，阅读流畅性也大幅度提升。短短几个星期内，他每分钟阅读的单词数就从屈指可数的 6 个增加到了 27 个。另外还有一名学生取得了长足进步，并升入了高级阅读班。今天，这项发轫于黑客马拉松项目的功能已经内置到我们最重要的一些产品中，比如 Word、Outlook 和 Edge 浏览器等。

现在，一年一度的黑客活动已经成为微软的一种传统。每年，工程师、市场营销人员以及其他各部门员工都会在其所在国家和地区准备 OneWeek 成长黑客活动，他们就像学生准备科学竞赛一样，联手组队，着力解决他们感兴趣的问题，然后进行演示，以赢得同事们的投票支持。在名为“黑客纳多”（Hacknado）和“科达帕鲁扎”（Codapalooza）的户外活动中，他们会消耗数以千磅计的炸面圈、鸡肉、小胡萝卜、能量棒、咖啡，以及一部分啤酒，为创造性补充能量。程序员和分析师瞬间变身为嘉年华中揽客的卖家，向任何愿意倾听的人兜售他们的创意。人们的反应既有礼貌的质疑，也有激烈辩论和挑战。最终，通过智能手机投票和项目评估，综合评选获胜项目，有些项目甚至还会被作为新业务予以资金支持。

由于我将微软的文化变革作为一项高优先级任务，所以人们经常会问我进展如何。我认为我的回答是相当东方式的：我们已经取得了重大进展，但永远都不会结束。这不是一个有始有终的项目，而是一种存在形式。坦白地讲，我天性如此，在获知某个缺点时，我会感到兴奋，而指出这一缺点的人给我的是一种洞见。我们每天都要问一问自己：今天我在哪些方面保持着固化型思维？在哪些方面保持着成长型思维？

作为一名首席执行官，我也会问自己这样的问题。我会认真细查我的每一个业务决定，看它是否有助于微软转向我们所希求的成长型思维。

固化型思维决策会强化我们以往的做事风格。依照惯例，当我们发布新的 Windows 版本时，现有的 Windows 需要付费才能完成升级。微软 Windows 和设备部门的负责人特里·迈尔森就拥有成长型思维；他放弃一部分收入，将之前的 Windows 付费更新转为限时免费升级。在短短一年多的时间里，这一策略就成就了有史以来最受欢迎的 Windows 升级，升级用户数达到数亿，而且还在继续上升。我们希望客户能够由此喜欢上 Windows，能够由此用上最具个性化和最安全的设备。

我们从诺基亚并购事件上学到了很多，也有反思，虽然它给我们带来了痛苦的资产减记。通过并购芬兰的这家智能手机公司，我们的员工人数增加了，收入也增加了，但最终，我们未能在高度竞争的手机业务领域取得突破。不过，重要的是，这让我们在设计、开发和制造硬件方面积累了经验。

我们对瑞典游戏公司（Mojang）及其视频游戏《我的世界》的收购，也代表了一种成长型思维，因为这给我们的移动和云技术业务注入了新的能量，带来了新的参与感，同时也会为我们在教育软件领域创造新的机遇。

我们对《我的世界》的成功收购展现了成长型思维的关键特质，包括准备好去赋能他人和向深入洞察且拥有热情的个人学习等，而所有这些特质都是组织内其他人需要学习的。就该案例而言，这里的个人指的是 Xbox 部门的负责人菲尔·斯宾塞（Phil Spencer）。菲尔知道，我们需要打造世界上最具吸引力的游戏平台，而且他还知道，《我的世界》拥忠实的、规模庞大的玩家社群，他们在这一虚拟的乐高式视频游戏中发明和建造新的世界。

《我的世界》是一款少有的被引入课堂的视频游戏，而且是学校乐意引入的。游戏中的建筑以及协作和探索精神都是老师们所喜欢的。它有点像 3D 沙盘。在课堂教学中，如果要求学生在沼泽地建立一个河流生态系统，《我的世界》就可以派上用场。如果想让这条河流动，游戏中的逻辑功能也可以实现这一点。它培养的是一种数字公民精神，因为它是一款多人游戏。比如，老师要求课堂上的12名学生建造一栋房屋，几分钟之后，他们就会组成团队开始工作。这也是未来工作场所的一种模式。

菲尔及其团队与瑞典的这家游戏工作室建立了很好的关系，并成功地将《我的世界》的特许权扩张至包括移动设备和游戏机在内的多种设备中。在微软与游戏公司合作早期，此亦在我出任首席执行官之前，菲尔曾有机会收购《我的世界》，但当时菲尔的老板并未批准这一计划。对有的人来说，来自上司的直接拒绝会让人就此放弃，但菲尔并没有放弃。他知道，这样一款深受喜爱的游戏会找到属于它自己的位置，而且会持续扩张和不断发展。他知道，微软将它纳入自己的生态系统之后，会推动下一代游戏玩家的深度参与。他知道，我们的云基础设施会帮助它扩张到世界的任何一个角落。

菲尔继续保持着与游戏公司的良好关系，并进一步建立信任。有一天，菲尔的团队收到了该公司发来的有关再次出售的文件。他们可以同我们的任何竞争者达成协议，但他们没有这样做，而是重新找到我们。当时，菲尔已经担任Xbox部门的负责人，虽然时间不久，而我也已经担任公司首席执行官。菲尔建议我重新考虑一下这笔交易。我认为我们可以通过微软固有力量继续打造这款产品，同时保留这家小的独立团队的完整性和创造性。于是，我们发起了一笔总额为25亿美元的并购案。今天，《我的世界》已经成为个人计算机、Xbox和移动设备上最畅销的游戏之一。它带来了巨大的、持续的游戏参与。比尔·盖茨和史蒂夫·鲍尔默——在提交该笔交易时，他们仍是公司董事会成员——后来笑着说，他们最初是持反对意见的，并不是很理解这笔交易的意义。现在，我们所有人都明白了。

这就是一种成长型思维。它凸显的是赋能他人，即一个人或一个团队如何迎难而上，取得成功。

对于外人提起的有关我们文化变革的问题，我确实不太好回答，但从微软内部来看，你会发现已经发生了明显的转变。如果你想了解一家软件公司的内部文化，那么参加一次由该公司各部门工程师参加的会议就可以了。工程师都是非常聪明的、对开发伟大产品充满激情的人。但他们是否深刻了解客户的需求和需要？他们在写代码时是否会将不同的意见和不同的功能考虑在内？即便不是在自己的团队内工作，他们是否同样具有团队精神？这些问题的答案可以作为一个我们所需要的那种文化的重要衡量标准：展现成长型思维、以客户为中心、多元化和包容性，以及，一个公司。

我对 2012 年召开的一次跨部门高级工程师会议记忆犹新。那是 Windows 高能峰会（WHiPS）的系列会议之一，旨在通过跨代码基协作寻求改进产品和解决问题的机会。这是高级别的、参加者引以为荣的会议。但让我惊愕的是，它最终演变成了牢骚满腹的批评会。一名开发者说，他已经解决了 Windows 代码中的一个问题，该问题是一名客户在运行基于 Windows 的应用中发现的。虽然他已经解决了这个问题，但 Windows 开发者并不接受，即未“签入”他的新代码。这一讨论迅速演变成争论，然后是人身攻击。这并不是我们想要的那种文化。

在几年之后的另一次 WHiPS 会议上，我听到了一场截然不同的对话。一名开发者宣布他发现了一个捕捉或截取动态图像的方法，这对我们现有的“截图”工具是一个极大的改进，因为现有工具只能捕捉静态图像。这是一段对设计师或编辑有着重要意义的代码。然而，就像 2012 年那次会议上的那名开发者一样，他的解决方案并没有被纳入 Windows 代码中。但这一次，成长型思维发挥了重要作用。

在争吵和指责开始之前，Windows 部门负责人特里 · 迈尔森加入对话，说：“你把代码再发一下，我们会认真解决的。”

即便早在 2012 年，推动文化变革的力量也已经存在了，但我们需要的是为变革创建一个渠道。我们必须打破阻碍变革的壁垒。现在，这一切都开始了。

文化变革的关键是个人赋能。我们有时会低估自己的能力，高估他人的能力。我们跳出这样一种思维模式，不要预设他人的能力高于我们自己的能力。有一次在员工沟通会上，有个人问的问题让我感到恼火。他说：“为什么我不能从手机上打印文件呢？”我很客气地对他说：“去实现它。你有充分的权限。”

还有一次，在我们的企业内部社交平台 Yammer 的一个聊天群中，群组成员抱怨说办公室冰箱里总有一些用剩的盒装牛奶。原因很明显，人们打开一盒新的 8 盎司包装的牛奶，倒一部分到自己的咖啡或茶中，然后再将剩下的放回冰箱，并认为其他人会接着用掉。但是，没有人愿意用其他人打开过的牛奶，于是这些剩余的牛奶最终就变质了。这个话题在 Yammer 群组炸开了锅，我给他们发了一条搞笑的视频信息，告诉他们说这是典型的固化型思维。

文化变革是艰难的，也可能是痛苦的。抗拒变革的根本原因是对未知的恐惧。重大问题就摆在那里，却没有明确答案，这是很可怕的。

思考一个我们经常自问的问题：未来的计算平台是什么？几十年来，Windows一直是个人计算机平台的首选，但现在，我们设想的是一个新的时代。云以及与之相关的多样化和多设备体验优势，将会催生新的计算机以及对人的存在敏感的、对个人偏好响应迅速的新计算。我们努力打造终极计算体验，涵盖混合现实、人工智能和量子计算等。到2050年，主导计算世界的将会是什么？是我们提到的这些吗？还是我们目前没有想象到的某种新突破？

任何宣称可以准确预测未来技术发展轨迹的人，都是不可信任的。然而，成长型思维可以让你更好地预测和应对不确定性。对未知的恐惧会让你完全失去方向，有时还会让你陷入惰性的死胡同。领导者必须知道该做什么——以创新直面恐惧和惰性。我们要敢于投入不确定性中去，要有冒险精神，在犯错时要迅速改正，要认识到失败是成功的必经之路。有时候你感觉这就像一只学飞的鸟。你一时在天上飞，一时又在地上跑。学飞的过程并不美妙，美妙的是飞。

如果你想知道我学飞的样子，可以在网上搜我的名字和业力（karma）。那是一个秋日，我在亚利桑那州的菲尼克斯参加葛丽丝·霍普女性计算科学庆典大会（Grace Hopper Celebration of Women in Computing），这也是世界上规模最大的女性技术工作者会议。多元化和包容性是打造我们所需要的和想要的文化的基本战略，但作为一家公司以及从所在行业来看，我们在这方面还存在严重短板。据相关报道，2015 年美国专业性职业人口中，女性占比为 57%，但在计算机行业，女性占比仅为 25%。这是一个真实存在的问题，若不采取措施，情况只会进一步恶化，因为未来与计算机相关的工作岗位只会越来越多。身为公司的领导者、丈夫，以及两个女儿的父亲，我认为计算机行业无法吸引和留住女性这种情况，是糟糕的，也是错误的。这也使得我那天在菲尼克斯的言论让人感到格外困惑，尴尬就更不用提了。刚登台时，我说我们不能接受供给方面之类的借口，这让我赢得了热烈的欢呼声。真正的问题是如何让更多的女性加入组织当中。但在采访接近结束时，计算机科学家、哈维·穆德学院（Harvey Mudd College）校长、微软前董事玛丽亚·克拉韦（Maria Klawe）博士问我有什么建议可以提供给那些羞于要求加薪的女性。这是一个很好的问题，因为我们知道女性在得不到合理认可和合理回报的时候，就会离开这个行业。我只希望我的回答能更好一些，然而我没有做到。我稍微停顿了一下，记起早前微软一位总裁曾经对我说过的话，人力资源体系从长期看是高效的，从短期看是低效的。换句话说，随着时间的推移，你的出色工作终会得到回报和认可，但这种回报和认可并不总是即时的。“我说的并不是要求加薪的问题，而是你要了解这个体系并对这个体系保持信心，只要你一直走下去，最终你会获得合理的加薪。”我回应说，“那些不要求加薪的女性可能有一种额外的超能力，因为这是善业，迟早会有回报。长效机制会解决这个问题。”克拉韦博士是我非常尊敬的人，她友善地回击说：“这是我为数不多的无法苟同的事情之一。”这句话也让台下观众响起了掌声。她把这作为一个教学时刻，向在场女性表达了自己的看法，也给我上了一堂难以忘记的课。她说有一次她被问及多少薪水是足够的，她的回答是只要公平就行。她没有提自己的主张，她要的是公平对待。通过这一艰难案例，她鼓励在场的观众做好功课，对合适的薪水做到心中有数。之后，我们拥抱，并在热烈的掌声中走下舞台。但伤害已经造成。尖刻批评迅速传遍社交媒体，国际电台、电视台和报社也都做了广泛报道。这是自作自受。我的办公室主任洋洋得意地给我念了一条推特：“我希望萨提亚的企业传播负责人是一名女性，现在立即要求加薪。”

说实话，在离开会场时，我是感到振奋和鼓舞的，但同时，我也对自己未能抓住这一重要机会传达我个人的以及微软的承诺而深感自责，因为无论是我个人还是微软，都致力于增加所在行业各层级中女性员工的人数。虽然受到了挫折，但我决定利用这个事件展示什么是压力下的成长型思维。几个小时后，我给公司全员发了一封邮件。我鼓励他们去看那个视频，并在第一时间指出我对那个问题的回答是完全错误的。“毫无疑问，我全力支持在微软以及在行业中开展的有关将更多女性引入技术领域的计划和减少薪酬差距的计划。我认为男女应该同工同酬。在关于加薪的职业建议上，当你觉得你应该获得加薪时，玛丽亚的建议是正确的建议。如果你认为应该加薪，那么就要求加薪。”几天之后，在一次全员沟通会上，我表示道歉，并解释说当时给出的那个建议是受之前领导们的影响，并沿袭了下来。但这一建议有意或无意地低估了排斥与偏见。面对偏见，任何提倡被动性的建议都是错误的。领导者需要采取行动，根除文化中的偏见，创造一个人人可以有效主张自我的环境。我是去菲尼克斯学习，确实是学习。但教我更多的，或许是那些我非常敬重的女性讲述的有关她们在早期职业生涯中遭遇的偏见：

被告知要经常保持微笑，被挡在“老男孩俱乐部”门外，产假的极度纠结，以及职业阶梯的残酷性等等。这些强大的女性和我分享了她们过往经验中遭受的种种伤害。在那段时间里，我还想到了母亲为我所做的牺牲，以及安努所做的困难决定，她放弃了建筑师这份很有前途的职业，20 多年里作为家庭主妇照顾扎因和我们的两个女儿。没有她的付出，我在微软不会走到今天这个位置。

自从我在葛丽丝·霍普庆典大会上发表那番言论之后，微软进一步采取措施，致力于推动该领域的真正变革：将管理层薪酬同多元化进展联系起来，扶持多样化项目，以及公开薪酬公平性数据——员工薪酬不会因性别、种族、族群的不同而不同。某种程度上，我很高兴在这样一个公共论坛上犯错，因为它帮我纠正了先前未曾发现的无意识偏见，帮我找到了一种新的同理心——对我生命中以及我们公司中伟大女性的同理心。

这一插曲让我想到了我自己作为一名移民的体验。来到美国之后，那些针对印度人的种族歧视言论从来都不会刺激到我。我成长在印度一个多数群体家庭，而且是一个享有特别待遇的家庭，所以根本不会在乎这种言论。即便一些身居高位的人表示技术领域的亚裔首席执行官太多了，我也会忽视他们的无知。但随着年龄的增长，看着下一代印度人——我的孩子们和他们的朋友们——成为美国的少数群体，我禁不住想我们的经历会有什么样的差别。一想到他们将来也会听到那种种族歧视言论和无知言论，我就难抑怒火。

在我加入微软时，印度裔工程师和程序员中有一股暗流。我们知道，无论我们做出多大贡献，也不会被提拔到副总裁的位置上，也就是被普遍认为的公司领导层的位置上。我们会达到一定级别，但也只能是这个级别。实际上，很早之前就已离开公司的一名高管就曾对另一名印度裔同事说，这是因为我们的口音问题。这既是对我们的不敬，也是老套的说法。那是 20 世纪 90 年代，在这样一家技术领先的公司听到这样的偏见，我感到惊讶。要知道，这还是一家由思想非常开明的领导者创建和领导的公司。然而，在这家公司，你的确找不到一名印度裔副总裁，尽管这里有很多印度裔工程师和经理，尽管他们的表现都很优秀。直到 2000 年，我和其他少数几名印度裔员工才被提升到高级管理层级别。

不管是文化中根深蒂固的观念，还是从经验中习得的智慧，我们认为只要我们埋头苦干、努力工作，最终都会获得回报。桑贾伊 · 帕塔萨拉蒂（Sanjay Parthasarathy）是我当时的同事之一，对我的生活和职业都产生过很大的影响。在印度时我们并不相识，但他也打板球，是南区 U-19 球队的成员，他的队长也是当时我们学校的队长。在微软，我们有一种相见恨晚的感觉。对板球和技术的共同热爱，让我们有说不完的话题。他告诉我，你必须坚信一点，那就是天空是极限，没有什么可以限制你。你必须努力——不是为了不断升迁，而是去做重要的工作。凭着事后觉悟，我现在明白，一个感觉自己是局外人的人也可以取得成功，但需要两个条件：一是开明的管理，二是尽职尽责的员工。经理要有高要求，但同时也要有同理心，懂得如何激励员工。同样，员工要埋头苦干、努力工作，但他们也有权利要求承担更大的责任和得到更高的认可。这之间必须达到平衡。

从我自己和我的同事的经历来看，加入一个大多数同事看起来都与你不同的公司是很难的；同样，融入一个大多数邻居看起来都与你不同的社区也是很难的。你怎样确定一个你可以认同的榜样？你怎样找到可以帮你取得成功且能让你展现真实自我的导师、教练和赞助人？在包括微软在内的技术行业公司，员工多元化程度还远远不够。而在工作之外，各少数群体也会感到被孤立。比如，在华盛顿州，被雷德蒙德、贝尔维尤和西雅图环绕的金县，白人占比 70%，非洲裔美国人占比不足7%，拉丁裔美国人占比近10%。微软内部有一个悠久传统，即未被充分代表的员工可以自发成立员工资源小组（ERG），将有相似背景和兴趣的人联系在一起，比如微软黑人小组（BAM）和微软女性小组（WAM）等。微软共有7个大的员工资源小组以及40多个更为具体的员工网络组织。他们开展在线讨论，举办网络会议，提供顾问和职业发展服务，实施社区外展计划，以及将工作内外的人联系在一起。最重要的是，他们提供支持。2016年，我们的非洲裔美国同事竭力为在美国暴力活动中遭受无辜伤害的家庭提供帮助，微软黑人小组在建立联系和提供支持方面发挥了重要作用。在奥兰多夜总会大规模枪击案发生后，微软同性恋员工小组（GLEAM）和微软多元性别社区小组（LGBTQ）为其成员提供急需的安全空间，以纾解他们的焦虑情绪。我们都希望建立这样一种可以表达立场和提供支持的文化。

*

我在前面说过，文化是一个不明确的、模糊的用语。这也是我们如此小心翼翼定义我们想要的文化的原因，同时也是我们测量每一件事情的原因。具体到我们人身上，数据并不是完美的，但我们无法监控我们无法测量的事物。所以，我们经常进行员工调查，掌握他们的动态。

经过三年集中的文化建设之后，我们开始看到一些令人鼓舞的成果。公司员工告诉我们，他们感觉公司正朝着正确的方向前进。他们认为我们做出了迈向长期成功的正确选择，他们看到不同团队之间的合作变得多了起来。而这，正是我们所期望的。

不过，我们也看到了一些不是那么令人鼓舞的趋势。在被问及他们的副总裁或团队负责人是否将人才流动和人才发展作为优先任务时，结果显示现在状况还不如文化建设开展之前的状况。即便是最乐观的员工，如果工作中得不到发展，他们也会灰心丧气。我已经定下来明确的使命，并致力于打造一种赋能文化。员工和高层管理者已经准备就绪，但我们错失了一个环节——公司中层。

这多少有一点让人感到沮丧，但回过头来看，这是完全可以理解的。在之前奥兰多的演讲中，我说过那些坐在黑暗会场中的同事的视野问题。在日常工作中，一名中层经理视角下的组织文化与一名首席执行官视角下的组织文化，是无法比拟的；后者是全景式的，而前者只是其中的一部分。《哈佛商业评论》（*Harvard Business Review*）的一份调查发现，在培养潜在领导者方面，公司高层管理者所花的时间不足其全部工作时间的10%。如果高层管理者都拿不出时间来发掘员工潜力，那么大多数公司团队成员的成长路径将会是静态的。

相关结果评估之后，我在马上召开的一次会议上，向大约150名高层管理者讲了几个事例，并分享了我的个人期望。首先，我告诉他们，一位不愿具名的微软经理最近向我表示，他非常喜欢这种新的成长型思维，也非常希望看到更多的成效，但同时又说，“嗨，萨提亚，我知道有5个人不具备成长型思维”。他只是把成长型思维作为一种抱怨其他人的新方式。这并不是我们的初衷。

我对这些高潜质的领导者说，一旦你们成为副总裁、合伙人，这种抱怨就该结束了。你不能说这里的咖啡难喝，这里没有足够的优秀人才，或者我没有拿到奖金，诸如此类。

“作为这家公司的领导者，你的工作就是在狗屎堆里找到玫瑰花瓣。”

这或许不是我最好的诗句，但我希望这些人不要把所有事情都看成是艰难的；要从现在开始，把事情看成是伟大的，并帮助其他人建立这种视角。制约因素是真实存在的，并将会一直伴随着我们，但领导者是克服制约因素的冠军。他们要做的是让事情发生。不同的组织有不同的见解，但对于微软的领导者，我有三个期望，也可以说是三条领导原则。

第一，向共事的人传递明确信息。这是领导者每一天、每一分钟都要做的最基本的事情之一。要传递明确信息，你就必须综合分析复杂因素。领导者从内部和外部噪声中获取信息，在众多噪声中识别真实信号。我不想听到有人说谁是屋子里最聪明的人。我想听到的是他们运用他们的智慧，在团队内部建立起深刻的共识，并确定行动路线。

第二，领导者要产生能量，不仅在他们自己的团队中产生能量，而且在整个公司产生能量。仅仅将全部精力放在自己的部门是不够的。无论身处顺境还是逆境，领导者都要激励乐观主义、创造性、共同承诺和成长。在他们创建的环境中，每一个人都能发挥出最大潜力。他们建立的组织和团队，每一天都在进步。

第三，也是最后一点，找到取得成功和让事情发生的方式。这意味着推动人们参与他们所喜欢的和渴望去做的创新工作；在长期成功和短期胜利之间找到平衡；以及在寻求解决方案时要超越边界，要有全球化思维。

我喜欢这三条领导原则。我的核心信息是：微软的文化变革并不依赖于我个人，甚至也不依赖于和我最密切共事的那几位高层管理者。它依赖于公司中的每一个人，包括我们广大的中层经理，他们必须致力于让每一个人每一天都能取得进步。

我对其他领导者抱有完全的同理心，并认为我的工作是帮助他们变得更优秀。领导过程中面对的是孤独，也可能是噪声。当一名领导者走上舞台后，尤其是在社交媒体发达的今天，他或她可能会被诱使做出一些可以取得即时满足感的决定。但我们必须超越短视，不为现在某个人写的推特或明天的新闻所左右。理性判断和内在信念是我对自己的期望，同时也是我对身边的其他领导者的期望。你来做决定，但不要期望一致意见。

从内部来看，我们需要强有力的伙伴关系——全公司不同团队领导者之间的伙伴关系。但外部也需要同样的成长型思维。在过去的10年里，竞争格局已经发生了剧烈变化。现在，我们需要和我们的朋友以及先前的竞争对手建立耳目一新、出人意料的伙伴关系。

05

是敌是友？

建立伙伴关系，以备不时之需

当我伸手从正装外套口袋里拿出一部 iPhone 时，现场观众发出了明显的惊讶声和阵阵笑声。在近期的记忆中，没有人见过微软首席执行官公开展示苹果产品，尤其是在一个竞争对手的销售会议上。

这是 Salesforce 的年度营销会议，在现场观众安静下来之后，我说："这是一部非常独特的 iPhone。"作为客户关系管理（CRM）软件服务提供商的 Salesforce，在在线服务方面既是微软的竞争对手，也是微软的合作伙伴。"我喜欢把它称为 iPhone Pro，因为它安装了微软的所有软件和应用。"

在我背后的巨幅屏幕上，出现了这部手机的一个特写镜头。手机屏幕上的应用图标一一出现，包括微软的经典应用 Outlook、Skype、Word、Excel 和 PowerPoint，以及更新的移动应用 Dynamics、OneNote、OneDrive、Sway 和 Power BI。现场观众爆发出热烈的掌声。

苹果是我们最难对付和最持久的竞争对手之一。看我在由苹果设计和制造的 iPhone 上展示微软软件，人们感到出乎意料，甚至有一种耳目一新的感觉。微软和苹果一直鲜明对立，甚至持续对抗，以至人们忘记了我们从 1982 年以来就为 Mac 开发软件。今天，我的首要任务就是满足我们的数十亿客户的需求，而无论他们选择何种手机或平台。唯有如此，我们才能持续成长。为此，我们有时候会和长期对手握手言和，追求出人意料的伙伴关系，重振长期关系。这些年来，我们更专注于客户需求，因而也就学会了共存与竞争。

在前面一章中，我谈了打造正确文化的重要性。健康的伙伴关系是很难建立的，但一旦建立起来，就是互惠互利的，而这样的伙伴关系也正是我们现在所打造文化的自然结果和迫切需要的结果。史蒂夫·鲍尔默借助其 3C 概念，让我深刻理解了这一点。设想一个带有三个同心环的目标。最外一环是概念。微软、苹果或亚马逊可能会有令人兴奋的产品创意，但这足够吗？一个组织可能会有概念式愿景——一个充满新的创意和新的方法的梦想或想象，但它们是否具备第二个环所描述的内容——能力？它们自身是否拥有打造第一环中所描述概念所需的工程和设计技能？最后，靶心一环是文化；这种文化拥抱而不是扼杀新的概念和新的能力。唯有如此，我们才能建立和维系精明的伙伴关系，以创新和客户喜闻乐见的产品满足客户需求。当秉承如此文化与相关方一起谈判时，概念会进一步完善，能力会进一步加强。正所谓人多智广。

几年前，苹果提出一个概念，认为我们的能力和文化会让他们受益，而这需要一种新的伙伴关系。在出任公司首席执行官后不久，我决定全面推广我们的 Office 产品，这其中就包括 iOS 和安卓平台。相关版本的开发工作已经开展了一段时间，现在只等合适的发布时机。无论是对内还是对外，我都想明确表示，我们的创新流程将围绕着用户的需求而不仅仅是他们的设备展开。2014 年 3 月，也就是我担任新职务第二个月的时候，我们宣布将 Office 套件带入 iOS 平台。

很快，苹果就给我们的 Office 团队发来一封机密函件，要求我们的一名工程师签署保密协议，然后去加利福尼亚州的库比蒂诺参加一个会议。在我们这个高度重视知识产权的行业里，这是一个标准操作规程。几次会议之后，情况变得明朗起来：苹果希望微软能够与他们一起优化 Office 365，使之适用于新的 iPad Pro。苹果告诉我们，他们感觉微软有了一种新的开放精神。他们信任我们，并希望我们参加他们的产品发布会。

在这个问题上，微软内部产生了激烈的争论。对于和竞争对手建立伙伴关系，微软产品线上的一些领导者起初感到担忧。私下里，我确实也听到了一些抵触性言论。这种抗拒心理的背后逻辑是博弈论，即用数学模型来解释合作与冲突。建立伙伴关系经常被视为零和博弈，即一方所得为另一方之所失。但我不这么看。如果做得好，伙伴关系会把蛋糕做大，人人都会受益。是的，客户会受益，伙伴关系中的任何一方也都会受益。我们最终达成的共识是，与苹果的这一伙伴关系将有助于把 Office 产品的价值传递给每一个人，而苹果也承诺通过其 iOS 平台展示 Office 的强大功能，这将进一步强化微软作为苹果顶级开发者的地位。

在 iPad Pro 发布会当日，苹果负责全球营销的高级副总裁菲尔·席勒（Phil Schiller）在设置下一演示时对现场观众开玩笑说："我们很幸运地请到了一些开发者，让他们和我们一起提升专业生产力。有谁比微软更了解生产力呢？"

会场传出紧张的笑声。

"是的，他们了解生产力。"

微软 Office 市场营销负责人柯克·克尼格斯保尔（Kirk Koenigsbauer）走上舞台，表示我们将进一步加大对 iPad 的支持力度。

与长期竞争对手建立合作关系，我追求的并不是宣传价值。当然，人们愿意听到与竞争对手之间的融洽相处。但如果公关是唯一目的，那么建立伟大的商业伙伴关系就太难了。在我看来，伙伴关系——尤其是与竞争对手之间的伙伴关系——必须有助于提升公司的核心业务，而最终目的是为客户创造额外价值。对平台公司来说，这意味着与竞争对手合作开发有助于提升平台价值的新产品。

有时候，这意味着与老对手合作，有时候意味着建立耳目一新、出人意料的伙伴关系。比如，我们与谷歌合作，让 Office 产品进驻他们的安卓平台；我们与脸谱网合作，让他们的所有应用对接我们的 Windows 产品，同时我们的游戏应用《我的世界》对接他们的虚拟现实设备 Oculus Rift，而该设备与我们的 HoloLens 存在着直接竞争关系。同样，我们与苹果合作，可以让客户更好地管理“企业中的 iPhone”。我们与红帽（Red Hat）合作，后者的企业客户可以利用我们的 Azure 云服务拓展全球业务，因为我们在世界各地已经建立起了一个数据中心网络，而需要指出的是，红帽是一个与 Windows 存在竞争的 Linux 平台。我们与红帽的合作或许不像我们与苹果和谷歌的合作那样出人意料，但当我站在台上，身后一张幻灯片显示“微软爱 Linux”（Microsoft ♥ Linux）时，一名分析师调侃说，炼狱一定被冰冻了（意指太阳从西边出来了）。

在特定的产品或服务领域，是可以与竞争对手建立这样的伙伴关系的，尽管有些时候会令人不安。我们在云市场同亚马逊进行着激烈的竞争，这一点我们并不讳言。但为什么微软和亚马逊不能在其他领域合作呢？比如，必应为亚马逊Fire平板电脑提供搜索体验。

我们必须面对现实。我们拥有伟大的产品如必应、Office或Cortana（微软小娜），但如果其他公司通过其产品或设备确立了强大的市场地位，那我们就不能袖手旁观。我们必须找到聪明的方式与它们建立伙伴关系，这样我们的产品就可以进驻它们广受欢迎的平台。

在今天的数字化转型时代，每一个组织和每一个行业都是潜在的合作伙伴。想一想出租车行业和娱乐行业。90%的优步乘客会在10分钟之内等到一名司机，而对出租车乘客来说，这一比例仅为37%。在网飞的商业模式下，用户每小时的娱乐支出为0.21美元，而在百视达（Blockbuster）旧的影像租赁模式下，用户每小时的支出为1.61美元。这是数字化转型中一些非常明显的例子，而类似的情况，每个行业都在发生。我们预计，在未来10年里，这些转型将会创造大约2万亿美元的价值。

各公司积极推动转型，确保自身的相关性和竞争力。而我们希望微软能够成为它们的合作伙伴。在这方面，每家公司都必须优先考虑四个方面。第一，利用数据提升客户体验，密切客户沟通。第二，在新的数字工作世界中，通过支持更大规模的、更多的移动生产力和移动协作，予力赋能员工。第三，优化运营，在销售、运营和财务等方面简化业务流程，并推动自动化。第四，转型产品模式、服务模式和业务模式。

所有公司都朝着数字化方向发展，而这一过程始于产品的智能化。专家预计，到 2020 年，投入使用的“联网事物”（connected things）将会达到 200 亿 ~500 亿件，这为各公司的数字化转型提供了重大机遇。通用电气已经发展成为成熟的数字化公司，它的工业互联网操作系统 Predix 平台登陆微软的云平台，实现了工业设备的连接与数据分析，并提供实时洞察。丰田（Toyota）设立了联网汽车事业部，将汽车和卡车转变为下一代的数字时代车辆；移动数字平台支持汽车与汽车乃至汽车与城市基础设施之间的交流。劳斯莱斯（Rolls-Roycc）将它的发动机设计为大数据平台，可以预测发动机故障并最大限度减少故障。

我们强调战略伙伴关系，并不新鲜。这实际上是我们如何重新发现微软灵魂的另一个例子。回过头来看我们的创始人，保罗·艾伦清楚地看到了新型计算机的威力，而比尔看到了软件的威力。他们联手创造奇迹，更重要的是，他们推动了计算的全民化。有时我会想：如果比尔和保罗创建的微软没有取得成功，那么这个世界会是什么样子？我们会有独立硬件制造商、独立软件开发商和系统集成商等企业吗？我们最初的商业模式是建立在合作伙伴的生态系统之上的。这个生态系统包括独立软件开发商如奥多比和欧特克（Autodesk），视频游戏制造商如艺电体育（EA Sports），硬件制造商如戴尔、惠普和联想，以及零售商如百思买。要不是 PC 浏览器，我不认为谷歌会取得成功。在我们的支持下，谷歌开发了适用于微软 IE 浏览器的工具栏，使得它的服务更加突出，也更容易获得。基于这样和那样的伙伴关系，微软和个人计算机帮助培育了大量 10 亿美元的公司，而在此过程中，微软也增加了数以百万计的客户。

在出任首席执行官时，我意识到我们已经忘记了一个事实，那就是建立伙伴关系是我们取得成功的一个关键。任何伟大的公司都可能发生这种情况。成功会让人们忘掉那些早期帮他们取得成功的习惯。我们知道我们需要保持建立伙伴关系的能力。我们必须重新审视我们的行业，并想方设法为客户提供更多价值，而无论这些客户使用的是苹果设备、Linux 平台还是奥多比产品。

幸运的是，我的基因中就带着这样的本能。1992 年加入微软时，我的全部工作就是建立伙伴关系。当时，我们正在开发 32 位的操作系统 Windows NT。但我们所需要的大多数后端应用程序，都是为基于 UNIX 操作系统的微型计算机开发的，而不是为 Windows 开发的。所以，作为一名年轻的 Windows NT 技术布道者，我的任务就是将那些应用程序迁移到个人计算机架构上。由于缺乏行业影响力，微软需要做大量的艰苦工作。我们为个人计算机平台开发了应用程序原型，然后带着它们去拜访制造、零售和医疗领域的客户，并向他们展示说，那些规模庞大、功能强大的微型计算机应用程序也可以在我们的个人计算机上运行，甚至运行起来更顺畅。

在一个被他们视为玩具的图形用户界面设备上运行关键任务应用程序，这让他们倍感惊讶。

我还清楚记得我们早期的一次成功案例。在零售领域，销售点终端（POS）设备无处不在，这是一个有利可图的技术市场。但在当时，没有任何一种软件标准可以确保收银机、扫描仪和其他零售外围设备，能与后端会计系统和库存系统协同工作。于是，同事们和我写了相关的标准和规范，使得 Windows 进入 POS 市场成为可能。我们从无到有，建立起了一项主流企业级服务。

无可否认，伙伴关系的建立和发展充满挑战，与长期合作伙伴的关系亦充满挑战。有时候，我们不得不重振之前的关系。以戴尔为例：在多年的合作中，该公司 Windows 系统电脑的出货量已经达到数亿台。2012 年，微软首次决定设计和生产自己的硬件产品——Surface 系列。由此，我们和戴尔的关系从纯粹的合作伙伴转变为合作伙伴和直接竞争对手。之后，情况又变得更加微妙起来：戴尔收购领先的云技术提供商易安信（EMC），将目标对准了微软非常重视的一块业务。时至今日，这仍是技术领域内最大规模的并购案之一。尽管如此，戴尔和微软在互惠互利的领域依然保持着合作关系，比如戴尔笔记本电脑预装 Windows 系统，以及戴尔通过其庞大的全球配送运营网络销售微软的 Surface 产品等。事实上，在看到 Surface 产品深受欢迎后，戴尔、惠普和其他公司也开始建立它们自己新的二合一电脑产品线。

但行业媒体想知道的是，微软和戴尔这两家长期合作公司的关系是否已经命悬一线。在出任微软首席执行官后不久，我前往得克萨斯州的奥斯汀，与迈克尔·戴尔（Michael

Dell）一起参加他们的年度战略会议，回答来自媒体和股票分析师的问题。那是2015年，戴尔刚刚收购了易安信，彭博新闻记者张秀春（Emily Chang）一脸迷惑地向迈克尔和我提问，让我们描述一下我们的关系：“你们是朋友，还是亦敌亦友？”这是一个简单的问题，我给出的也是一个简单的答案：“我们是长期的朋友，我们相互竞争并服务众多共同客户。”但真正的答案需要更深度的描述。

20世纪90年代，微软被认为是一个非常难对付的合作伙伴，当然这是委婉的说法。在美国司法部针对微软的反垄断案的文件和证词中，经常会看到有关这家公司的不光彩故事，新闻媒体和图书中的描述就更不用提了：它总是行动迅速，努力竞争，让很多合作伙伴愤愤不已。政府采取行动，竞争格局发生变化，而现在我们的使命和文化也已经不同了。一家一度被认为在竞争中碾压一切对手的公司，现在已经把重点放在了业务的增长上，致力于实现予力全球每一人的使命。

在20世纪90年代咄咄逼人的微软中，我是其中的一分子，但我个人并没有介入反垄断案中。事实上，那个时候的我是恳求客户和合作伙伴与我们一起发展我们新的服务器业务，这需要持一种谦逊的而不是傲慢的态度。我从反垄断案中学到的一个教训（当然还有其他很多教训）是，我们既要激烈竞争，也要以同等的努力，庆祝我们为每一个人所创造的机会。这不是零和博弈。

我对此谨记在心。在我们的行业中，今天谷歌已经是占主导地位的公司。多年来，我们一直在市场中竞争，互相向美国以及其他国家和地区的政府监管机构投诉。作为首席执行官，我决定翻过这一页。我认为是时候结束我们彼此的监管争斗了，我们应该将全部精力放到云客户的竞争上。谷歌首席执行官孙达尔·披猜（Sundar Pichai）是我们的竞争对手，同时我也把他当成一位朋友。在微软总裁兼首席法务官布拉德·史密斯的带领下，我们两个组织进行了一系列富有成效的、深入的讨论和谈判。之后，桑德尔和我发表了一份令观察人士大跌眼镜的联合声明："我们两家公司竞争激烈，但我们希望这种竞争聚焦于产品品质，而不是法律诉讼。"

这种态度的转变，很大程度上得益于我是一个新面孔，属于一种新鲜血液。丢掉历史包袱，有助于我打破长期以来的不信任壁垒。但这就足够了吗？

*

在出任首席执行官之初，我决定约佩姬·约翰逊谈一次。佩姬是总部设在圣迭戈的半导体和无线电信公司高通的高管，负责管理公司伙伴关系和业务拓展，工作表现极为出色。一个周六的下午，我给在圣迭戈家中的她打去电话，问她愿不愿意考虑加入微软。我在电话中能感受到她的疑虑，甚至她还带有些许的负罪感。我最终说服她来硅谷，一起吃饭面谈。

我们把见面地点定在了四季酒店。走进大厅时，有几个人认出了我，好奇我为什么会出现在这里。我们挑了一张安静的桌子。很快，我们就兴奋地谈到了环境智能。按照环境智能的理念，未来我们的家中、办公室里或其他场所将会出现越来越多的智能物体，它们可以自动识别我们人类的存在并会响应我们的偏好。要想成功引领数字化转型，微软需要建立新的、非传统的和出人意料的伙伴关系，进行新的、非传统的和出人意料的投资与并购。我感觉到佩姬对这样的愿景也充满了期待。后来我了解到，在我们结束会谈之后，她立即给丈夫打去电话说，他们的未来在华盛顿州的雷德蒙德。她接受了这份工作，致力于"让硅谷成为我们最好的朋友"。

佩姬的平和、谦逊，以及她对技术的热爱给我留下了深刻印象，而这也正是我希望微软向我们的潜在商业伙伴传递的品质。不过，我不知道它们何时才能见效。

我们建立伙伴关系的主要目标之一，是将微软应用推至竞争平台，比如谷歌的安卓操作系统和苹果的 iOS 系统等。我们需要在采用不同操作系统的手机上预装我们的应用，这样一来，消费者购买一部手机后，就不要再下载安装微软应用了。

在这方面，三星是我们需要合作的重要伙伴之一，这家韩国公司也是世界上最受欢迎的安卓智能手机制造商之一。我们和三星有着 30 多年的合作关系。但 2014 年夏，就在佩姬准备搬到雷德蒙德的时候，微软同三星的关系破裂了。几年前，三星同我们签署过一个使用微软部分专利技术的知识产权协议。后来，该公司的智能手机销量大幅飙升，较之前翻了两番，而它生产的安卓手机也成为世界上最畅销的手机。在微软宣布收购芬兰智能手机制造商诺基亚的设备和服务部门后，三星通知我们说他们将不再履行先前签署的协议。三星总裁申宗均（Jong-Kyun Shin）对我们感到非常失望，并拒绝与任何来自微软的人会面。我们伙伴关系的天平迅速倒向了诉讼行动。

我们安排佩姬加快处理与三星的关系。她查阅了双方的文件，问了很到位的问题，并提出了如何解决彼此分歧的创造性想法。对我们来说，幸运的是，佩姬和申宗均建立了一种良好的关系。他同意与佩姬会面。佩姬带领由业务拓展和法务部门组成的团队飞往韩国首尔。在申宗均的办公室，他们发现屋子里全是以强硬谈判风格著称的人士。在整个会谈过程中，佩姬和她的团队都表现出了尊重。佩姬没有提要求，相反，她选择倾听，保留意见，并充分考虑对方的感受。

回到雷德蒙德之后，佩姬和她的团队并未偏向任何一方，而是全力寻求双方都能接受的解决方案。虽然是公司新人，但佩姬身上展现出来的正是我们所渴望的那种文化。她具有一种成长型思维，着眼于各种可能性，而不是一味指责或推卸责任。佩姬和她的团队向我们所有人展示了什么叫多元化和包容性。同时，她还向我们展示了跳出雷德蒙德总部，亦即远离狭隘的、舒适的世界，并进入合作伙伴和客户世界的重要性。

最终，我们还是通过法院解决了我们的一些问题，但在此过程中，我们仍表现出了尊重。“微软重视和尊重我们的伙伴关系。”我们在一份声明中写道。

“遗憾的是，即便是合作伙伴有时也有不同意见。”

今天，三星智能手机上的微软应用广受欢迎；Windows 10 系统驱动了三星的平板电脑，同时也驱动了三星雄心勃勃的物联网计划。

几乎是在同一时间，我们卷入了与雅虎的一场纠纷，后者使用必应搜索引擎，并将该引擎作为其独家搜索合作伙伴。微软和雅虎就必应搜索产生的收入按比例分成。但如同和三星一样，我们与雅虎的关系也出现了恶化，原因是雅虎的商业模式受到了冲击，诉讼行动一触即发。雅虎希望解除先前的协议。

我们努力修补这一关系。在此过程中，我们没有提一系列的要求；相反，我们选择倾听，充分考虑对方立场，并寻求新的解决方案。最终，我们决定放弃有关将必应作为雅虎独家搜索合作伙伴这一排他性条款的权利。这个问题让双方产生了很多不必要的摩擦，但我们相信我们的技术和我们的伙伴关系会战胜一切。我们避免了代价高昂的诉讼行动，直到今天，雅虎的大部分搜索仍是由必应处理的。

这些经历让我们学到了很多，也重振了我们的合作精神。微软已经建立起了世界上最大规模的合作伙伴生态系统。全球范围内，数十万家公司在开发和销售可支持微软产品和服务的解决方案。另外，来自各个领域的数百万客户在利用微软技术开发业务、建立组织。我的终极目标是将微软打造成全球最大的平台提供商，激发创业活力，创造经济机会。

但要让世界上数百万家新公司押注我们的平台，首先我们需要赢得它们的信任。在第七章中，我会详细阐述这样一个理念：信任的建立需要持之以恒；信任的建立需要心中明确——在哪些领域我们要全力竞争第一，在哪些领域我们要协力合作，共同为客户创造更多价值。

当然，信任还有其他很多组成要素——尊重、倾听、透明、专注，以及在必要时点击刷新的意愿等。这都是我们所必须坚持的原则。

伙伴关系的建立是一个共同探索之旅，所以我们要对出人意料的协作和新的合作方式持开放态度。开放始于尊重——尊重他人以及他们带来的经验，尊重其他公司以及它们的使命。我们总能保持一致吗？当然不是。但我们可以聪明地听，不仅要理解话语表面的意思，还要知道背后的隐含义。我不会背负不必要的历史包袱，我也不会让过去的局限性影响我们未来的发展。

这些年来，我发现开放是做事的最佳方式，也是让所有各方对结果都感到满意的最佳方式。在一个创新日新月异的世界里，没有人愿意把时间浪费在不必要的工作和努力周期上。彼此坦诚相对，是在最短时间内取得共识的最佳方式。

当伙伴关系的建立遭遇难题困扰时，最好着眼于长远目标。对我来说，与其被无数的合作机会以及随之而来的无数问题搞得焦头烂额，不如重点专注于一两个领域。一旦建立起成功的伙伴关系，这些合作公司就可以应对新的想法和新的挑战。

最后，不要害怕暂时中断。即便双方都有最好的意愿，合作中有时也会出差错，甚至还会陷入僵局。有时候，你需要通过一种新的视角来审视已有的关系。过去失败的战略将来可能会有效。技术在变化，商业环境在变化，人亦在变化。将任何关系视为失败行动加以排除都是错误的。明天总会有机会创造新的机遇。

在与奥多比公司的伙伴关系中，这一方法给我们带来了真正的突破。奥多比是创意世界中的旗手，字体开发的先驱，同时也是深受艺术家和设计师喜爱的 PhotoShop、Illustrator、Acrobat 和 Flash 等诸多产品的开发商。奥多比是建立在 Windows 之上的，但我们在文档标准上存在竞争。随着时间的推移，尽管我们有着众多共同客户，但最终还是疏远了。我在海得拉巴公立学校时的朋友山塔努·纳拉延早前已出任奥多比首席执行官，在我被任命为微软首席执行官之后，我们两家公司开始重新接触。在业务重叠领域，我们仍保持竞争，但这并不妨碍我们建立更为深入的伙伴关系。现在，奥多比的创意软件已经成为微软新设备如 Surface Studio 和 Surface Hub 的灵感源泉。我们联手为艺术家创造更多价值，让他们在电脑上做更多事情。我们的合作已经超越了“创意云”（creative cloud），扩展至“营销云”（marketing cloud），这也是建立在我们的 Azure 平台之上的。

我经常会被人问：“什么情况下建立伙伴关系比并购更合适？”这个问题最好通过另一个问题来回答，即“我们作为一个共同实体为客户创造的价值多，还是作为两个单一实体为客户创造的价值多？”就我的经验来看，无论是大规模的并购案（如我们收购社交网络领英），还是小规模并购案（如我们收购应用开发商 Xamarin、Acompli 和 MileIQ 等），成功的并购通常都始于基于客户需求精心分析而建立的伙伴关系。以微软 2016 年以 260 亿美元收购领英的交易为例，这也是历史上最大规模的交易之一。在过去超过 6 年的时间里，微软和领英一起合作，确保我们的 10 亿用户和他们的近 5 亿会员可以同步联系人（文氏图显示我们的用户与他们的客户完全重叠）——Office 联系人可以同步到领英联系人中，而领英联系人也可以同步到 Office 联系人中。微软提供相关技术规格，便于领英开发适用于 Windows 的优美应用，而领英和 Social Connector 平台的对接，则可实现紧密连接与协作。为进一步推进整合，为我们的客户创造更多有吸引力的场景和更多价值，我们必须成为一个实体。

我们共同打造的并不仅仅是业绩，还有共同的愿景和互信。在我们宣布并购案的当天，领英首席执行官杰夫·韦纳（Jeff Weiner）在向科技记者卡拉·斯维舍尔（Kara Swisher）解释这笔交易时说：“微软变得越来越敏捷，越来越有创新精神，越来越开放，越来越强调目标导向。这在这笔交易中扮演了重要角色。”

在早前做工程师时，我采用如下心智模型来管理时间：

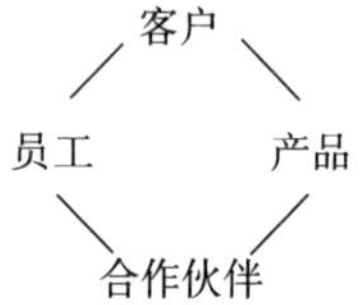

员工、客户、产品和合作伙伴，每一个要素都需要时间、关注和重视；唯有如此，我才能最终负责地为伙伴创造价值。所有这四个要素都很重要，而如果缺乏纪律，即便是最优秀的经理也会厚此薄彼。员工和产品每天都会吸引注意力，因为他们离我们最近；客户提供我们工作所需要的资源，所以他们调动的是能量。但合作伙伴为我们提供攀登的梯子，他们见微知著，帮助我们找到我们自己可能看不到的新机遇。出任首席执行官之后，我发现这个群体中还有更多的组成要素。比如，政府和社区也是非常重要的。我们需要一种训练有素的方法，让所有这些参与者都能看到一家公司的价值，以及它的产品和服务的价值。价值的最大化源于所有这些组成要素的福利和活力的最大化。

HIT REFRESH

06

超越云端

三大变革：混合现实、人工智能和量子计算

我起初把这本书当成一名首席执行官在转型过程中的沉思录。作为一个既要领导公司转型，又要开发革命性技术的人，我的目标是实时分享这些经验，而不是在许多年后再来回顾这段历史。当然，微软的转型正在进行中。面对全球经济和技术的不确定性，我们重新确立了使命，调整了文化重点，建立或重建了战略合作关系，以此来巩固我们的业务基础。我们还需要加强创新精神，对新的趋势大胆下注。这正是 40 多年来微软作为一个科技品牌始终受人信赖的原因。

我们的眼界超越了个人计算机和服务器，希望推动云计算的成功。预测科技趋势可能是冒险之举。有人说，我们往往高估在短期内可以实现的目标，却会低估在长期内能够取得的成就。但我们正投资三种关键技术，它们将在未来塑造我们的行业和其他领域。它们就是混合现实、人工智能和量子计算。这些技术必然会给我们的经济和社会带来巨大变

化。在本书的最后三章里，我将探讨我们在迎接这股新浪潮时所应考虑的价值观、道德观，以及政策和经济问题。

这些即将到来的技术变革如何融合？一个思考方法是这样的：我们正在借助混合现实技术构建终极的计算体验，在这种体验中，你的视野成为一个计算面，将数字世界和你所在的物理世界合二为一。你认为只存在于手机或平板电脑上的数据、应用，甚至同事、朋友，现在都可以出现在你希望的任何地方——无论是在办公室里工作，还是出门拜访客户，抑或在会议室里与同事协作。人工智能为我们的每一种体验提供动力，以人类自身无可企及的洞察力和前瞻性来增强人类的能力。最后，量子计算可以改变当今计算机所依赖的物理学原理，让我们得以突破“摩尔定律”（这是一项通过观察得出的定律，说的是计算机芯片里的晶体管数量大约每两年增加一倍）的局限，提供足够的计算能力来帮助我们解决世界上最庞大、最复杂的问题。混合现实、人工智能和量子计算现在似乎相互独立，但它们将会融为一体。我们对此十分看好。

错过这些趋势的科技公司必然落后于人。当然，忽视现有业务核心而去追求未经检验的未来技术也是一件非常危险的事情。这是创新者面临的典型困境——在追求新机会的同时，也有可能错失唾手可得的成功。

从历史经验看，微软有时也很难实现恰当的平衡。我们在 iPad 推出之前就开始做平板电脑，早在 Kindle 出现之前就开始开发电子阅读器。有的时候，我们虽然开发出了软件，但成功所需的必要元件却尚未出现，例如触摸屏和宽带网。另外有的时候，我们还缺乏端对端的设计思路，无法为市场提供完整的解决方案。我们也对自己快速跟进竞争对手的能力有点过于自信，忘记了这种策略存在与生俱来的风险。我们在颠覆自己极其成功的商业模式时显得畏首畏尾。我们已经从中吸取教训。在创造未来的道路上并没有一定之规。一家公司必须对它所擅长的事情规划完整的愿景，然后用信念和能力将其变成现实。

我在成为首席执行官之前就认为，我们应该继续投资新技术，开发新市场，甚至认为应该采取更加激进而专注的方式。但要真正采取行动，还必须满足我们的“3C”原则——我们是否有振奋人心的概念（concept）？我们是否有成功所需的能力（capability）？我们是否具备拥抱这些新想法和新方法的文化（culture）？

为了避开创新者困境，并且不再一味关注今天的紧迫问题，而是考虑明天的重要事情，我们决定从三个增长层面来看待我们的投资策略：第一，发展今天的核心业务和技术；第二，为未来孵化新创意和新产品；第三，投资于长期的突破。在第一个层面，我们的客户和合作伙伴将继续在我们所有的业务中逐季、逐年地看到各种创新。在第二个层面，我们已经投资了一些令人兴奋的前沿创新新平台，比如带有语音或数字墨水的新型用户界面、带有个人助理和软件机器人的新兴应用，以及针对工厂、汽车和家用电器等各种场景设计的物联网体验。在第三个层面，微软高度关注那些在短短几年前听起来还很遥远，但如今已经成为创新前沿的领域——混合现实、人工智能和量子计算。混合现实将成为医学、教育和制造业的重要工具。人工智能将有助于预测寨卡病毒等危机，帮助我们把时间和精力集中在最重要的事情上。量子计算将提供充足的计算资源，帮助我们治疗癌症，并有效地解决全球变暖问题。

计算机如何增强人类智能并建立一种集体智商，这个历程让我颇为着迷。在 20 世纪 60 年代，道格·恩格尔巴特（Doug Engelbart）展示了“演示之母”（the mother of all demos），介绍了鼠标、超文本和共享屏幕远程会议等技术。“恩格尔巴特定律”指出，人类的能力呈指数级增长；虽然科技能够提高我们的能力，但在改进的基础上持续改进却是人类特有的能力。他可以说是人机交互的奠基人。还有很多对我和整个行业产生过影响的梦想家，但当我 1992 年加入微软时，有两本未来主义作品获得了全公司工程师的热烈追捧。尼尔·斯蒂芬森（Neal Stephenson）的《雪崩》（*Snow Crash*）普及了“虚拟空间”（metaverse）这个词，设想了一个虚拟的、共享的集体空间；戴维·格伦恩特尔（David Gelernter）的《镜像世界》（*Mirror Worlds*）则预见了一种软件，它可以用数字模拟来取代现实世界，从而彻底改变计算，改造社会。这些想法如今都已经不再遥远。

*

第一次体验到一种意义深远的新技术的感觉很神奇，至少对我来说是如此。在 20 世纪 80 年代，当我第一次在父亲给我买的 Z80 电脑上学会写几行 BASIC 代码时，我突然感觉眼前一亮。我突然间能跟一台机器沟通。我写了一些东西，它输出了一些内容，算是一次响应。我可以修改程序，还能随时改变响应。我找到了软件，这是人类发明的可塑性最强的资源。这就好似瓶子里的闪电。我清楚地记得我第一次接触电子表格时的兴奋心情。如今，当人们想到数字时，几乎都会立刻想到透视表这样的数据结构。

我们的行业充满了这种众里寻他千百度的顿悟时刻。不可思议的是，最令我震惊的时刻是在火星表面发生的——其实，我当时站在微软 92 号楼的地下室里。

那是我第一次戴上 HoloLens，这是一款小型头戴式电脑，所有元件都包含在机身内部。突然，HoloLens 把我传送到 2.5 亿英里（4.02 亿千米）外的火星表面——当然是通过虚拟方式——这要感谢美国国家航空航天局（NASA）的"好奇号"（Curiosity）火星探测器。通过 HoloLens，我可以看到我穿着两只便鞋在布满尘土的火星平原上行走，简直跟真的一模一样。旁边是"好奇号"前往莫瑞孤峰群时途经的金伯利区，那里有不少岩石。戴着 HoloLens，我既可以在真实的房间里行走——我能看到一张桌子，还能跟周围的人互动——也可以查看火星表面的岩石。这就是我们所说的混合现实，它具备前所未有的惊人特性。这段经历令人无比激动，我的管理团队中甚至有一个人在那次虚拟旅行中感动得流下了热泪。

我那天的所见所闻让我们得以一窥微软的未来。这个不同寻常的时刻或许会被人们铭记，成为混合现实到来的革命性标志。这场革命将让所有人都能在融合了现实世界和虚拟世界的沉浸式环境中工作和游玩。有朝一日，是否会出现"混合现实原住民"——在这些年轻人眼中，电脑使用体验理所当然地应该把现实与虚拟融为一体——就像我们今天所说的那些“数字原住民”一样，互联网早已成为他们生活中不可或缺的一部分？

各大企业开发头戴式电脑时采取的方法各不相同。我们的 Windows 10 混合现实设备，或如脸谱网的 Oculus Rift 这样的虚拟现实设备，基本隔绝了现实世界，让用户沉浸在一个纯数字化的世界里。而谷歌眼镜会将信息投影到眼镜上。Snapchat Spectacles 则通过相关的内容和滤镜增强你所看到的内容。HoloLens 让用户可以接触混合现实，用户既可以在当前的位置四处移动，跟同一房间里的人互动，也可以融入远程环境，操作全息图和其他数字物体。科技研究公司高德纳（Gartner Inc.）的分析师对新技术从发明到广泛普及（或消亡）过程中的炒作周期和曲线展开了研究，还总结出一套规律。他们认为，虚拟现实技术可能还需要 5~10 年才能走向主流。

对我们来说，光是起步就已经非常困难。我的同事亚历克斯·基普曼（Alex Kipman）一直在完善 HoloLens 的原型产品。亚历克斯和他的团队已经实现了突破：他们开发的微软 Kinect 动作感应技术如今已经成为尖端机器人的一项组成要素（使之在移动过程中更像人类），同时也提供了一种有趣的方式，让你可以利用自己的身体运动在 Xbox 上玩游戏。然而，亚历克斯的 HoloLens 项目曾经在公司内四处寻找后续资金。微软当时并未明确是否会对混合现实这样一个未经证实的市场展开投资。这个追求在当时看来似乎非常荒谬，就连亚历克斯也给这个项目起了巴拉布（Baraboo）这样一个古怪的名字，以此纪念威斯康星州一个建有马戏团和小丑博物馆的小镇。

当我见识了 HoloLens 的魔力后，便被它深深吸引。虽然 HoloLens 在视频游戏领域的应用前景非常明显，但我很快就看到了它在课堂、医院和太空探索方面的潜力。事实上，美国国家航空航天局是最早看到 HoloLens 价值的组织之一，他们使用早期版本的 HoloLens 让地球上的宇航员可以与太空中的宇航员展开合作。即便在火星演示后还是有人对这项技术犹豫不决，但比尔·盖茨在亲身体验之后发出的电子邮件也足以说服对此疑心最重的人。

> 火星演示有两件事令我印象深刻：第一，场景非常逼真。图像看起来很真实，我移动头部时的感觉就像真的一样，仿佛自己真的置身于火星。第二，由于能在物理空间中移动，所以感觉非常自然，同时还能借助周

边视觉来避免撞到其他物体。虽然我还不确定什么样的应用会蓬勃发展，但最新的演示的确让我对这个项目充满热情，我相信我们肯定能找到一种使之取得成功的方法。我已经对它深信不疑。

没错，亚历克斯，我决定投资。

要了解 HoloLens 的灵魂，最好是先了解亚历克斯和他的过去。从某些方面来看，我们俩的经历有很多共同之处。亚历克斯是一位巴西外交官的儿子，从小就经常搬家，他一直很喜欢数学和科学，后来又爱上了电脑。他曾经对我说："如果你知道怎么用数学和科学来画画，你就无所不能。"他的父母给他买了一台雅达利（Atari）2600 家用视频游戏机，他把游戏机弄坏了好几次，但最终却学会了编程。凭着对科技的热爱，他来到了罗彻斯特理工学院（Rochester Institute of Technology），还去过美国国家航空航天局实习，后来成为一名技艺高超的硅谷计算机程序员。

然而，他希望找到一个可以为了软件而设计软件的地方，一个把软件当成艺术的地方。他来到微软，参与设计了 Windows Vista。作为 Windows XP 的继承者，这款系统备受期待。尽管 Vista 的功能很先进，但外界对它的评价并不高，没有人比亚历克斯更失望。他把这些归咎于自己，然后回到巴西，在那里深刻反思——希望为自己的职业发展找到新的契机。亚历克斯很有哲学思想，他向尼采寻求了方向："若知为何而生，遂可纳受一切。"亚历克斯对自己很不满意，因为他还不知道自己"为何而生"，换言之，他并没有针对计算的发展方向形成自己的观点。

他后来告诉记者凯文·杜兹克（Kevin Dupzyk），他参观了巴西东海岸的一个农场，带着笔记本四处闲逛，思考他想要为计算做出什么贡献。他开始思考计算机如何取代时间和空间。为什么我们被锁在键盘和屏幕上？我为什么不能用电脑跟我渴望的任何人在一起，而不必考虑他们身在何处？亚历克斯意识到，当今计算的发展只相当于史前洞穴壁画的水平。混合现实将成为一支新的画笔，创造一种全新的计算范式。

亚历克斯为自己确定了一个新的职业追求："我要制造出能感知真实世界的机器。"故事的主角是感知，而不是鼠标、键盘和屏幕。能感知我们的机器成了他的"为何而生"。

对他而言，所谓"纳受一切"，其实就是规划一份蓝图，也就是围绕能够感知人类、环境和周围物体的传感器开发一种新的计算体验。这种新的计算体验必须支持三种交互：能够输入模拟数据，能够输出数字数据，还要具备感知或触摸数据的能力，也就是所谓的触觉反馈。

Kinect是这场旅程的第一步，它实现了一个目标，让人类只要动一动身体就能为电脑输入数据。突然之间，我们竟然跟电脑一起跳舞。现在，HoloLens则在努力实现多个目标，它让人类、环境和物体能够跨越时间和空间相互收发数据。突然之间，地球上的宇航员竟然可以查看火星上的陨石坑了。最后一项触觉反馈则需要包含触摸和感受的能力。当我们使用Kinect跳舞或使用HoloLens接触岩石的时候，我们还无法感觉到自己的舞伴或那块石头。但这一天迟早会到来。

今天，微软的重点是实现混合现实的全民化，让每个人都能使用它。我们推出HoloLens时采用的是一种经过验证的策略——邀请外部开发人员帮助我们为HoloLens平台创建富有想象力的应用程序。在我们宣布推出HoloLens之后不久，就有5000多名开发人员提交了他们的应用程序构思。我们在推特上进行了24小时的调查，向粉丝询问我们应该优先考虑哪个构思。开发者和粉丝们选择了Galaxy Explorer，它让你可以看向窗外、畅游银河——你可以在自己的空间里穿梭、放大，为你看到的东西添加注释，还能把这份经历存储下来，以供日后使用。它还能把一颗行星上的环境复制到你房间的墙上——风沙、热等离子体和冰块。

现在，其他开发人员正在为 HoloLens 开发非常有用的新应用。比如，借助 HoloLens，劳氏公司（Lowe's）的家装店就能让顾客站在他们自己的厨房和浴室里，把新的橱柜、电器和配件的全息图叠加上去，好让他们准确地看到改造后的样子。

技术轨迹的开端只是追踪所能看到的事情，但有朝一日可以完全理解所传达的信息，就像我们在发展人工智能的过程中所学到的一样。Kinect 让电脑有能力跟踪你的动作——使之能够看到你，还能理解你的动作。这就是今天的人工智能、机器学习和混合现实所处的阶段。科技的视觉、语言和分析能力会不断提升，但它却无法感受。不过，混合现实或许能够帮助机器对人类产生同理心。通过这些技术，我们可以越来越多地体会难民或犯罪受害者的经历，这可能会增强我们的能力，让我们能够穿透如今将人们彼此分隔的障碍，与他人构建情感联系。事实上，我曾经遇到几个参加了微软“创新杯”比赛的澳大利亚学生。他们开发了一个混合现实应用，帮助一些看护者学会透过自闭症患者的眼睛了解世界。

*

好莱坞已经通过无数方式描绘过人工智能，他们甚至把这种科技变成了自己的一个亚流派。在 1973 年的《西部世界》(*Westworld*) 里，尤尔·布伦纳 (Yul Brenner) 扮演了一个机器人——一个硬汉形象的人工智能牛仔，他走进一间酒馆，渴望发生一场枪战。多年以后，迪士尼对此进行了不同的刻画。在《超能陆战队》(*Big Hero 6*) 中，他们设计了一个名叫“大白”的巨型机器人，帮助他 14 岁的小主人完成一场悬疑之旅。这部电影宣称：“他会改变你的世界。”

人工智能确实将改变我们的世界。它将给人类带来提升和帮助，它更像大白，而不是布伦纳。

大数据、庞大的计算能力和复杂的算法这三大突破正在让人工智能加速从科幻变成现实。由于相机和传感器在我们日常生活中呈现指数级增长，相关数据正以惊人的速度被收集和利用。人工智能需要数据才能学习。云计算可以为每个人提供强大的计算能力，现在还能编写复杂的算法，从海量数据中提取洞见和智慧。

但与大白或布伦纳不同的是，如今的人工智能还算不上所谓的通用人工智能 (AGI)。达到这一阶段，计算机便可匹配甚至超越人类智能。与人类智能类似，人工智能也可以划分成不同的层次。底层是简单的模式识别。中间层是感知，负责感知越来越复杂的场景。据估计，有 99% 的人类知觉都是通过语言和视觉来获得的。最后，最高级的智能就是认知，也就是对人类语言的深刻理解。

这些都是人工智能的组成模块。多年来，微软一直致力于推动每个层次的发展——用统计型机器学习工具来理解数据和识别模式；能够看到、听到和移动的电脑，它们甚至开始学习和理解人类的语言。在我们的首席语音科学家黄学东和他的团队的领导下，微软创造了一项纪录：在速记一段电话录音时，电脑系统的准确率甚至能超过受过专业训练的人类速记员。在计算机视觉和学习方面，我们的人工智能团队在 2015 年末的 5 项挑战中获得了一等奖。但实际上，我们只是针对其中一个挑战对系统进行了训练。在常见物体图像识别（COCO）挑战赛中，一套人工智能系统要尝试解决几个视觉识别任务。我们训练系统完成了第一个任务：简单地看一看照片，然后给它看到的东西添加标签。然而，通过早期的迁移学习技术，我们建立的神经网络成功学习并完成了其他任务。它不仅可以解释照片，还能在照片上的每一个不同的物体周围画一个圆圈，再造一个英文句子，描述它在照片中看到的动作。

我相信，人工智能的语音和视觉识别能力将在10年内超过人类。但是一台机器仅仅具备看和听的能力，并不意味着它能具备真正的学习和理解能力。自然语言理解以及电脑与人类之间的互动，是下一个前沿领域。

那么，人工智能将如何实现它的广阔前景？人工智能如何通过扩大规模来惠及所有人？答案同样要分成几个层次。

定制。我们现在基本处在人工智能的第一层，那就是定制。有特权获取数据、计算能力和算法的科技公司可以打造一款人工智能产品，然后向全世界提供。只有很少的公司能够为许多人开发人工智能。当今的多数人工智能都处在这个阶段。

全民化。下一个层次是全民化。作为一家平台公司——这样的公司总是开发基础技术和工具，为其他人提供创新基础，微软的方法是将人工智能开发工具提供给所有人。人工智能全民化意味着使每一人和每一组织都能想象并创造出令人惊叹的人工智能解决方案，满足他们的特殊需求。这类似于活字印刷和印刷术的全民化。据估计，在15世纪50年代，欧洲只有3万本书——每一本都是修道院的人手工制作的。《谷登堡圣经》(*Gutenberg Bible*)是第一本使用活字技术制作的书。此后50年内，欧洲的图书数量增加到大约1200万册，引发了学习、科学和艺术等方面的复兴。

人工智能也应该遵循同样的轨迹。为了实现这一目标，我们必须具备包容性和普及性。因此，我们的愿景是开发各种工具，将真正的人工智能灌输到各种机器人、应用、服务和基础设施中：

- 我们利用人工智能来从根本上改变人们与微软小娜这样的机器人互动的方式，这种机器人将在我们的生活中变得越来越普遍。
- 像Office 365和Dynamics 365这样的应用将会融入人工智能，这样它们就能帮助我们专注于最重要的事情，充分利用每一点时间。
- 我们将把我们自家服务的底层智能——模式识别、感知和认知能力——向全世界的所有应用开发者开放。
- 最后，我们正在打造世界上最强大的人工智能超级计算机，并让所有人都能使用它。

许多行业都在使用这些人工智能工具。麦当劳正在开发一套人工智能系统，帮助员工在得来速式流水线（drive-through line）上接受订单，使点餐过程更简单、更高效、更准确。优步则在使用我们的认知服务工具来防止欺诈，提升乘客的安全，他们通过匹配司机的照片来确保坐在驾驶座上的司机确实是其本人。沃尔沃也在使用我们的人工智能工具来帮助其识别司机们在什么时候分心，在合适的时候提醒他们，防止发生事故。

如果你是一名企业主或管理者，可以想象一下，如果你有这样一套人工智能系统，它能看到整个运营过程，了解正在发生的事情，还能把你最关心的事情告诉你。棱镜天空实验室（Prism Skylabs）以我们的认知服务为基础展开了创新，好让电脑监控摄像头，并分析正在发生的事情。如果你有一家建筑公司，当系统看到水泥卡车到达你的一个建筑工地时，它就会通知你。对零售商而言，它可以跟踪库存，或者帮助你在其中一家商店找到经理。有朝一日，它可能会在医院里监督外科医生和后勤人员，在发现医疗错误时及时发出警告，避免遗留后患。

学会学习。最终，最先进的技术是让电脑学会学习——让电脑能够生成自己的程序。就像人类一样，计算机将不再单纯模仿人类的行为，而是会发明更好的新方案来解决问题。深度神经网络和迁移学习正在引领当今的各种突破，但人工智能就像一个梯子，而我们目前只踏上了第一级。梯子的顶端是通用人工智能，届时，机器可以完全理解人类的语言，电脑将具备与人类相同或难以区分的智能。

我们的一位顶级人工智能研究人员决定尝试用实验来证明电脑如何能够学会学习。作为一位非常受人尊敬的计算机科学家兼医学博士，埃里克·霍维茨（Eric Horvitz）负责我们的雷德蒙德研究实验室，他长期以来一直痴迷于能够感知、学习和推理的机器。他的实验是让访客更容易找到他，并解放他的人类助理，使之能有更多时间来处理关键工作，而不是把时间花在不停指引方向这种乏味的任务上。所以，要拜访他的办公室，你可以先进入一楼大厅，那里的摄像头和电脑会立即注意到你，计算你的方向、速度和距离，然后做出预测。这样一来，你就会发现突然有一个电梯在等你。下了电梯后，会有一个机器人向你问好，问你是否需要它帮忙在混乱的走廊和拥挤的办公室里找到埃里克的办公桌。一旦到达，就会有一个虚拟助理预料到你的到来。它知道埃里克即将打完一个电话，于是问你是否愿意坐下等埃里克忙完。系统接受了一些基本的培训，但是随着时间的推移，它还会学会自学，所以就不再需要程序员。例如，由于受过训练，所以当有人在大厅里面停下来打电话，或者俯身去捡掉在地上的钢笔时，它就知道应该怎么做。它开始推理，开始学习，开始自己编程。

彼得·李（Peter Lee）是微软的另一位天赋异禀的人工智能研究员兼思想家。在他办公室的一次晨会上，彼得想到了记者杰弗里·威朗斯（Geoffrey Willans）说过的一句话：“你至少要懂两门语言，才能真正理解一门语言。”杰弗里接着又说：“不懂外语的人也无法理解自己的母语。”学习或改进一项技能或心理功能，可以对另外一项产生积极影响。这种效果便是迁移学习，不仅人类智能具备这种能力，机器智能同样如此。比如，我们的团队发现，如果我们训练电脑说英语，那它学习西班牙语或其他语言的速度也会加快。

彼得的团队决定发明一种实时语言翻译工具，打破语言障碍。它可以让100个说9种语言的人同时顺畅地沟通，如果以文本形式沟通，最多可以支持50种语言。结果令人鼓舞。全球各地的员工都可以通过Skype相互联系，或者只要对着智能手机说话，就能立刻理解彼此的意思。一个中国演讲者可以用她的母语来表达销售和营销计划，团队成员则能用自己的母语看到或听到她所表达的内容。

我的同事史蒂夫·克莱顿（Steve Clayton）向我讲述了这项技术对他的多元文化家庭产生的深远影响。他说他第一次看到这项技术的演示时，就知道他那几个说英语的孩子将第一次能够跟他们说中文的亲戚展开一场实时对话。

展望未来，还会有许多人使用我们的工具来扩展翻译的范围，不再局限于最初的语种。例如，一家医疗保健公司可能想要开发能说英语、西班牙语和其他医疗用语的专业翻译器。可以让人工智能工具观看和收听医疗专业人士的对话，然后，经过一段时间的观察，它就能针对医疗专业生成新的模型。一个美洲原住民部落或许要通过倾听长辈说话来传承自己的语言。最理想的状态是，这些人工智能系统不仅可以翻译语言，还可以改进语言——或许能把对话转换成改进病人治疗方案的想法，或者把对话转换成一篇论文。

长期以来，圣杯般的人工智能都是一个非常优秀的私人助理，它可以通过一种有意义的方式帮助你在生活和工作中取得最大的收获。小娜的名字来自人气游戏《光晕》中的一个人工智能角色。这是一个有趣的案例，她可以显示我们今天的研究从哪里起步，并展现有朝一日我们如何推出一位高效率且深入懂你的助理。这位助理了解你的背景、你的家庭，以及你的工作，也了解这个世界。她的潜力深不可测，你越是使用她，她就会变得越聪明。她和你的各种应用之间的交互，以及你在 Office 中的文档和电子邮件，都是她学习的素材。

如今，小娜每月有超过 1.45 亿名用户，他们来自 116 个国家和地区。这些用户已经提出了 130 亿个问题，而且每提出一个问题，这个机器人都能通过学习变得越来越有帮助。事实上，我已经开始依赖小娜的承诺功能，它可以在我的电子邮件中搜索我所做的承诺，然后在最后期限临近时温柔地提醒我。如果我告诉某个人我会在三周内跟他联系，小娜就会做好笔记，并在日后提醒我，确保我信守承诺。

我们的小娜团队隶属于成立不久的人工智能和研究部门，他们在贝尔维尤市中心的一栋微软大楼里工作，那里的窗户可以向外眺望太平洋西北地区的湖泊和山脉。周围优美的环境和推进创新的使命吸引了一流的人才——设计师、语言学家、知识工程师和计算机科学家。

该部门的一名工程经理乔恩·哈米克（Jon Hamaker）说，他的目标是让顾客告诉他："我的生活中不能没有小娜，她今天又救了我一命。"他和他的团队每天都在思考如何实现这一目标。我们的用户会干什么——什么时候，通过什么方式，在哪里，跟谁互动？通过什么与用户建立纽带？如何节省用户的时间，减轻用户的压力，帮助用户在日常挑战中领先一步？哈米克的目标是捕捉各种各样的数据，而来源则包括全球定位系统（GPS）、电子邮件、日历以及来自网络的相关数据，然后将数据转化为理解力，甚至同理心。你的数字助理或许也会安排时间向你提问，这将有助于填补数据不足的空白，从而为你提供更多帮助。助理可能会在你面临不确定环境的时候提供帮助——比如，当你身处一个使用外币和外语的新地方时。

这些不确定性吸引了专门研究语义本体的微软工程师，这是一门专门研究人与实体之间相互关系的学问。他们的目标是开发一种机器人，但这种机器人的功能绝不仅仅是为你提供搜索结果。他们梦想数字机器人有朝一日能够理解上下文和语义，并借此更好地预测你的所需和所想。数字助理应该随时都能提供很好的答案，有时甚至可以回答连你自己都未曾想过的问题。

艾玛·威廉姆斯（Emma Williams）不是工程师，而是一位英语文学学者，她的研究领域是盎格鲁－撒克逊语和古挪威文学。她的工作是思考我们的人工智能产品的情感智能设计，其中也包括小娜。她对负责开发机器人的这个团队的智商很有信心，她希望我们的产品也有这种情感智能。

有一天，她发现新版小娜在被问及某些问题时，竟然表现得很愤怒。威廉姆斯迅速采取了行动。（如果中世纪的挪威海盗故事告诉了她什么，那就是掠夺式的资源探索是发现不了新事物的。）她提出了一个观点：小娜应该与用户达成一种默契，承诺她将永远保持冷静和镇定。小娜不应该对你生气，而是应该毫无保留地理解你的情绪状态，还要做出适当的回应。团队按照威廉姆斯的观点改进了小娜。

如果说人工智能助理的发展历程总长是100万公里，我们现在才刚刚走了几公里。但当我们思考最终可能的结果时，最初的这几个步骤却非常鼓舞人心。

我的前同事戴维·海克曼（David Heckerman）是一位杰出的科学家，他花了30年的时间研究人工智能。几年前，他创建了最有效的垃圾邮件过滤器，方法则是找出对手——那些用垃圾邮件堵塞你收件箱的垃圾信息制造者——的薄弱环节，并成功挫败他们的企图。今天，他在微软组建的团队负责开发一些机器学习算法，希望能够发现和利用HIV（艾滋病病毒）、普通感冒和癌症的薄弱环节。HIV是引发艾滋病的罪魁祸首，它能在人体中迅速而广泛地发生变异，但这种病毒在变异方式上面临一些限制。我们开发的先进机器学习算法已经发现了HIV蛋白的哪些部分对它们的功能至关重要，这样就可以训练疫苗来攻击这些特定区域。借助临床数据，他的团队就能模拟变异，确定目标。类似地，他们还在针对一种癌症肿瘤进行基因组测序，并预测免疫系统的最佳攻击目标。

如果说人工智能的潜力激动人心，那么量子计算的潜力则更令人兴奋。

*

加利福尼亚州圣巴巴拉市离好莱坞的距离比离硅谷更近。在好莱坞这座“浮华城”的北边坐落着一个休闲氛围浓厚的海滨大学校园，令人意外的是，那里竟然是量子计算的发展中心，是我们这个行业的未来。靠近好莱坞确实是有道理的，因为电影剧本可能比教科书更能指导量子物理和量子力学。罗德·瑟林（Rod Serling）在《暮光之城》（*The Twilight Zone*）中的描述或许是最恰当的：“你正在穿越另一个维度，不仅是视觉和声音的维度，还是心灵的维度。进入一片奇妙的土地，它的边界取决于你的想象力。那就是前方的路标——你的下一站，暮光之城。”

要给量子计算下定义绝非易事。量子计算起源于20世纪80年代，它利用了原子或原子核的特定量子物理性质，让它们以量子比特，或称量子位（qubit）的形式来工作，担当计算机的处理器和存储器。量子位彼此进行互动，同时与我们的环境相隔离，它们在执行特定计算任务时，性能可能远高于传统计算机，或称经典计算机。

光合作用、鸟类迁徙，甚至人类意识都被作为量子过程来研究。在今天的经典计算世界里，我们的大脑思考和我们的思维被输入到计算机中，而计算机反过来又在屏幕上提供反馈。在量子世界里，一些研究人员推测，我们的大脑和计算机之间不会有障碍。这是很长的一段路，但有朝一日，意识会与计算融合吗？

丹麦诺贝尔物理学奖得主尼尔斯·玻尔（NielsBohr）曾说："如果量子力学还没有让你感到震惊，那说明你还没能理解它。"后来的一位诺贝尔物理学奖得主理查德·费曼（Richard Feynman）提出了量子计算的概念，引爆了全世界的热情，使得全球各地如今都在争相利用量子力学开发计算机。参与竞赛的包括微软、英特尔、谷歌和IBM，以及D-Wave等初创公司，甚至还包括拥有庞大国防预算的政府机构。他们都希望借助量子计算彻底改变计算本身的物理学原理。

当然，如果建造量子计算机是件容易的事情，现在早就已经完成了。经典计算受到二进制代码和物理定律的约束，量子计算则能将各种各样的计算——数学、科学和工程——从线性世界推进到量子位构成的多维宇宙。量子位不是简单的1或0这种经典比特，而是可以形成每一个组合——一个叠加，因而能够同时进行许多计算。因此，我们将进入一个可以同时响应许多并行计算的世界。根据我们的一位科学家的说法，在一个构造得当的量子算法中，结果就像“一场大屠杀，可以排除所有或绝大多数的错误答案”。

量子计算不仅比传统计算速度更快，它的工作负载也要服从于不同的扩展规律——这让摩尔定律变成了古老的记忆。由英特尔创始人戈登·摩尔（Gordon Moore）提出的摩尔定律指出，一个设备的集成电路中包含的晶体管数量大约每两年增加一倍。一些早期的超级计算机大约拥有 1.3 万个晶体管，你家客厅里的 Xbox One 大约有 50 亿个晶体管。但英特尔最近几年报告称，发展速度已经放缓，因而为其他能够提供更快处理速度的技术创造了巨大需求，以便推动人工智能的增长。短期的结果是催生了图形处理器（GPU）集群、张量处理器（TPU）芯片和云端的现场可编程门阵列（FPGA）等新颖的加速器。但终极梦想，还是开发出量子计算机。

今天，我们面临的一些紧迫问题需要经典计算机花费几个世纪才能解决，但量子计算机只需要几分钟或几小时就能解决。比如，量子计算的速度和精度足以破解当今最高级别的加密技术，这着实令人难以置信。传统计算机要破解今天的 RSA-2048 加密技术需要花费 10 亿年，但量子计算机大约只需要 100 秒或不到两分钟的时间，即可将其破解。幸运的是，量子计算也将彻底改变传统的计算加密技术，使计算更加安全。

要实现这个目标，我们需要三个科学和工程上的突破。我们正在研究的数学突破是拓扑量子位。我们需要的超导突破是能够产生数千个极度可靠而稳定的拓扑量子位的制造过程。我们需要的计算机科学突破是一种给量子计算机编程的全新计算方法。

在微软，我们的员工和合作伙伴正在与传输、实验物理和理论物理、数学，以及计算机科学等领域展开合作，这些科学有朝一日将使量子计算成为现实。这项活动的基地是量子站（Station Q），它就设在加州大学圣巴巴拉分校（University of California at Santa Barbara）的理论物理系。量子站是迈克尔·弗里德曼（Michael Freedman）的创意。1986 年，36 岁的他在国际数学联盟（International Mathematical Union）大会上获得了数学最高奖项——菲尔兹奖（Fields Medal）。他后来加入微软研究院，在圣巴巴拉聚拢了一批世界顶尖的量子人才——理论物理学家的书面计算为实验物理学家提供素材，由实验物理学家根据这些理论推测来构建实验，而电气工程师和应用开发者今后则可以借助这些实验将量子计算推向市场。

*

中午刚过，量子站的两名理论物理学家就一边吃着玉米饼碎肉卷，一边向一位实验物理学家打听他最近的发现。他们争论的是一项研究的最新进展，焦点集中在数学和物理世界的一个复杂角落，即马约拉纳费米子或粒子，它为发明稳定状态的量子计算机所需的超导体带来了希望。阳光从园区附近的太平洋水面上反射过来，照亮了会议室四周的黑板上无数个用粉笔书写的方程式。

这只是我们为了实现必要突破所采取的一种密集的实时合作。微软前首席技术官克雷格·蒙迪（Craig Mundie）颇具远见卓识，多年前他就为我们创建了量子项目，但相应的学术过程却很烦琐——首先是由理论物理学家发表一个理论，然后实验物理学家会测试这个理论，公布测试结果。如果测试失败，或产生的结果没有达到最佳标准，那么理论物理学家就会对实验方法进行审视，并对理论加以改进。然后从头再来一遍。

现在，人们对量子计算的强烈需求加快了竞争速度，而唯一能够率先实现目标的方法就是缩短理论、实验和开发之间的时间。量子计算机的研发已然成为一场军备竞赛。为了加快速度，提升效率，加强结果导向，我们设定了目标和时间表，希望能够开发一台量子计算机，让它从事一些有用的工作、一些传统计算机做不到的工作，以及需要成千上万个量子位的工作。为了实现这一目标，我们要求加强合作。我们召集了一批世界上最伟大的人，让他们在平等的基础上共同努力，以开放和谦逊的态度对待问题。我们一致认为，实验和理论科学家应该坐在一起，或者通过 Skype 密切合作，以此形成想法和实验，这种方式已经极大地简化了这一流程。

到目前为止，我们已经获得了 30 多项专利，但距离终点线仍然较远。在各公司争相开发云计算、人工智能和混合现实的过程中，量子计算竞赛被很多人忽视了，原因之一就是它复杂而隐秘。

量子计算的一个重要价值是推进人工智能的发展，使之真正理解人类语言，然后对其加以准确总结。更有希望的是，量子计算最终可能催生令人难以置信的医学突破，从而挽救生命。比如，由于 HIV 蛋白质外壳变化多端，而且不断演化，开发一种 HIV 疫苗所涉及的计算问题非常复杂，是当今的计算资源难以解决的。因此这几十年来，科学家一直都说研发出 HIV 疫苗还要再等数十年。而有了量子计算机，我们就可以用新的方法来解决这个问题。

另外十几个遭遇科技停滞的领域也存在相同的情况，包括高温超导体、低能耗肥料生产、弦理论等。量子计算机可以让我们重新审视最引人关注的问题。

计算机科学家克里斯塔·斯沃里（Krysta Svore）是我们解决量子计算机问题的核心。克里斯塔从哥伦比亚大学（Columbia University）获得了博士学位，研究方向是容错和可扩展量子计算。她在麻省理工学院工作了一年，与一名实验主义者一起设计了控制量子计算机所需的软件。她的团队正在设计一种奇异的软件架构，它假定我们的数学、物理和超导专家已经成功地开发了一台量子计算机。为确定这款软件首先应解决哪些问题，她邀请世界各地的量子化学家做演讲和进行头脑风暴。有一个问题暴露出来：由于粮食产量不足，全世界数百万人仍在挨饿。粮食生产的最大问题之一是它需要肥料，这会产生不小的成本，而且会消耗环境资源。生产肥料需要将大气中的氮转化为氨，促成细菌和真菌的分解。自从 1910 年弗里茨·哈柏（Fritz Haber）和卡尔·博许（Carl Bosch）发明“哈柏法”之后，这种化学过程从未有过任何改进。这个问题很大、很复杂，甚至根本无法突破。然而，将量子计算机与经典计算机配合使用，便可进行大规模的实验，从而发现一种新的人工催化剂。这种催化剂能够模拟微生物过程，并减少生产化肥所需的甲烷气体和能量，从而减少对环境的威胁。

微软开发量子计算的方法与我们在这一领域的十几家竞争对手截然不同。量子计算的敌人是“噪声”——也就是宇宙射线、闪电甚至邻居家的手机这些电子干扰——这是非常难以克服的，也是大多数量子计算技术在超低温环境下运行的原因之一。借助迈克尔·弗里德曼最初的工作，我们的量子站团队与来自世界各地的合作者共同开发了一种拓扑量子计算（TQC）方法。与其他方法相比，TQC 把量子资源开销减少了两三个数量级。这种拓扑量子位天生就不像其他方法那么容易出错，因为它更不容易受到噪声影响。虽然这种方法需要在基础物理的新领域有所发现，但其潜在优势不可限量。

不要以为量子计算机有朝一日将会以一种新型超高速独立个人计算机的形式出现在你的办公桌上。相反，量子计算机将作为一个协处理器运行，接收一堆经典处理器发来的指令和提示。它将是一种位于云端的混合设备，以我们完全无法想象的方式加快极度复杂的计算速度。你的人工智能机器人或许可以帮助你解决一个需要查看10亿张图片的问题。它可以利用量子计算机扫描这10亿种可能，然后立刻给你反馈几种选择。

量子位的实验发展已经进化到一定阶段，现在已经能够实现可扩展量子位技术。展望未来几年，我们有望看到小型量子计算机的发展。这样便可使用短量子算法（short quantum algorithms）开发出早期应用，在某些问题上超越传统计算机。更重要的是，一旦我们拥有了量子计算机，就可以加速发展更长的“逻辑量子位”，并着手开发更大、更强的量子计算机。

想要让量子硬件架构最终具备可扩展性，就需要今天的计算机科学家、物理学家、数学家和工程师共同努力，在通往通用量子计算的道路上克服各种挑战。在微软，我们认定量子计算将使人工智能更加智能，还能让混合现实提供更加身临其境的体验。

07

信任等式

数字时代
永恒的价值观：
隐私、安全和言论自由

2014年11月24日上午，索尼影视娱乐公司（Sony Pictures Entertainment）的电脑系统被一个自称“和平守护者”（Guardians of Peace）的组织入侵。美国情报界官员声称该组织得到了朝鲜政府的资助。黑客公布了从索尼窃取的部分电子邮件，邮件中有该公司高管就一些影星和其他名人发表的尴尬言论。据报道，“和平守护者”把目标对准索尼是为了抗议那部充满讽刺意味的政治电影《采访》（*The Interview*）。影片中，塞斯·罗根（Seth Rogan）和詹姆斯·弗兰科（James Franco）安排了朝鲜领导人接受他们的谈话节目的采访。出于投机，中央情报局的一名特工仓促地雇用罗根和弗兰科暗杀朝鲜的这位统治者。接下来出现了一系列令人捧腹的情节，这是典型的好莱坞风格。

黑客并不觉得这部电影的情节好笑。他们对索尼和所有选择放映该片的电影院发出了威胁。网上的一条留言写道：

"立即停止放映这部恐怖主义电影，它会破坏地区和平，挑起战争。" 12 月 1 日，索尼被盗的文件开始出现在文件共享网站上。到了 12 月 9 日，美国联邦调查局（FBI）直接把矛头指向朝鲜，索尼也取消了影片在各院线的放映。

索尼面临蒙受巨大经济损失的风险，开始接触可能愿意在网上播放该片的潜在合作伙伴。微软与其他媒体和科技公司也面临着一场道德危机。我们是该通过帮助发行《采访》来捍卫言论自由，还是该置身事外，让这场政治闹剧自生自灭？公司的安全工程师警告我们说，如果微软选择发行该片，朝鲜黑客接下来很可能会把目光对准微软的数据中心，制造损失巨大的网络中断和私人数据丢失事件，威胁到大量依赖我们的网络服务的客户。当时，我们已经预料会在圣诞节那一天遭到神秘的黑客组织"蜥蜴小组"（Lizard Squad）的攻击。

对抗朝鲜的代价可能非常大。很多东西面临严峻的风险，包括我们的品牌。但最终，我们认定当时的局面涉及一个更重要的问题：我们是谁。言论自由、隐私、安全和主权是永恒的、不容置疑的价值观。

就在圣诞节前的那几天，我去印度探亲，时任公司总法律顾问的布拉德·史密斯在越南。他已经开始在越南协调整个行业，采取应对行动。负责公司云计算服务的斯科特·格思里在雷德蒙德领导了一场强有力的工程行动，以确保我们能够经受住多次攻击。我们一直通过电子邮件和Skype，与集中在公司的一个临时作战室里的工程师保持联系。对我们所有人来说，这一切都是为了采取有原则的立场，并做好准备。

平安夜时，我给董事会写信说："我认为，勇敢地支持美国公民行使宪法赋予他们的权利符合微软的核心宗旨、业务和价值观。"我还向董事会保证我们会保持高度警惕。

因此，之前曾就相关风险向我们发出警告的安全工程师放弃了与家人的休假，夜以继日地工作，设计出了一个让我们能够安全地发行电影的计划。这期间有突破，也有挫折，但最终，在圣诞节那一天，我们携手在我们的Xbox Video平台上发行了影片，并大获成功。这件事在当时情势紧张，也可能会产生灾难性的后果。但这么做是对的。

世界需要一个广泛的、将网络安全规范作为全球规则的多边协议《数字日内瓦公约》（*Digital Geneva Convention*），这一点已经很清楚了。就像1949年各国政府聚集在一起，通过战时保护平民的《日内瓦第四公约》（*Fourth Geneva Convention*）一样，这项数字协议也可以让政府承诺执行为了在和平时代保护网络上的平民而制定的规范。这种公约应该让政府承诺避免进行将私营组织或至关重要的基础设施作为目标的网络攻击，并避免利用黑客攻击窃取知识产权。同样，它还应该要求政府协助私营组织发现、阻止和应对攻击，从攻击中恢复过来，并要求政府将漏洞反映给供应商，而不是积累、贩卖或利用它们。

事后看来，我们在一场国际危机面前为捍卫公司的价值观和构建信任所做的准备，早已经随着一年多前出现的一场非常公开的挑战而开始了。

当美国国家安全局前承包商员工爱德华·斯诺登（Edward Snowden）于 2013 年 5 月在去俄罗斯避难的路上从美国登机逃往亚洲时，美国的建国原则立即开始发挥作用，更别说我们公司的创建原则了。担任首席执行官是几个月之后的事，但当时，我负责公司的云和企业业务，在世界各地的服务器上存储了海量电子邮件和其他数据。包含隐私和言论自由在内的永恒的个人自由，与公众对安全和保障的诉求之争，现在就摆在我的面前。

大家也许还能回忆起来，斯诺登利用自己能够访问政府秘密文件的权限，揭发了国家安全局一个名为“棱镜”（PRISM）的秘密数据监听项目。该项目会收集存储在云端和服务器上的电子邮件等网络通信。美国国家安全局的这个监听项目的前身，是“9·11”恐怖袭击发生后增加的安全措施。斯诺登将通过“棱镜”项目获取的电子邮件和文件披露给了新闻媒体，引发了铺天盖地的批评报道、公民自由组织的抗议和政府最高领导人的指责。

最初，新闻报道错误地声称执法和情报机构获得了权限，并能够直接访问托管在美国境内服务器上的私人电子邮件。此后，微软、谷歌和其他科技公司纷纷被卷入这场争议。媒体广泛报道的说法是，当客户数据在服务器或数据中心之间传输时，政府无须搜查令或传票便可拦截数据。公众希望，并且也应该听到答案。遗憾的是，联邦条例禁止微软和其他科技公司向公众透露我们从执法和情报机构那里获取的任何消息。

斯诺登的爆料引发了媒体对我们公司和整个硅谷的大面积报道。我们必须立即向把数据委托给我们的客户和合作伙伴道出真相。作为信息时代经济的领导者，我们必须在法庭上和其他地方采取行动，捍卫我们的价值观。这就是我们的着眼点。布拉德·史密斯领导了这项行动，和我们整个高层管理团队密切合作。

危机爆发的头几天，我们发布了一份公司声明，明确表示微软只在有法律约束力的法院传票的要求下，才会提供直接访问客户数据的权限。我们与谷歌一同提起诉讼，要求允许我们公布更多我们收到的依据《外国情报监视法案》下发的索取数据的搜索令。

我们还以个人名义给司法部部长埃里克·霍尔德（Eric Holder）写信，表明如果在向公众披露政府的要求上有更大的自由，我们可以做到更加透明。唯一能消除客户疑惑的方法是公开我们到底和政府共享了多少客户和合作伙伴的数据。思科、IBM、美国电话电报公司（AT&T）和业内其他公司希望国家安全局对为了收集数据而在海外开展的行动做出解释。我们公开请求司法部部长出面解释这件事，呼吁他亲自采取行动，允许微软和其他公司公开更完整的信息，公开我们收到的国家安全搜索令，以及我们的处理方法。

在给司法部部长霍尔德的信中，我们写道："面对有法律效力的强制性法律程序，（我们）履行自己公开客户信息的法律义务。与此同时，我们高度重视保护客户的隐私，因此制定了严格的程序，审查我们收到的所有信息公开要求，以确保它们完全符合适用的法律。"

我们还与美国在线（AOL）、苹果、脸谱网、谷歌、领英、推特和雅虎一起，组成了一个名为"改革政府监视"

（Reform Government Surveillance）的联盟，进一步扩大了这场行动。联盟成员坚决要求限制美国和其他政府收集用户信息的权力。我们要求加强监管和问责，呼吁在政府提出的数据要求上保持透明，同时强调政府必须尊重信息的自由流动。我们还要求政府避免出现内部冲突，它们可能会产生如同一团乱麻、相互矛盾的要求，导致公司几乎无法完全依法行事。

促使我们提出相关建议的，既有言论自由和个人隐私这些价值观，也有对经济和业务的切实担忧。我们指出，政府避免出台禁止或妨碍公司或个人访问存储在国外的信息的政策，就是对日渐增长的全球经济最大的支持。

在微软内部，我们行动起来，竭尽所能地进一步保护托付给我们的数据的安全。我们迅速着手把加密扩大到所有服务领域，并加强了软件代码的透明性。这有助于让我们的客户放心，相信我们的产品没有所谓的后门，没有让政府或其他任何人能够访问我们客户的数据。我接着做出了重新设计数据中心的决定。这需要投入大量资源，但同样，这么做是对的。

尽管在我们看来联邦政府立场强硬，但奥巴马总统依然愿意听取其他意见。2013 年最后几个月，布拉德和其他行业代表私下见到了总统，并提出了我们的意见。与政府的谈判开始了。2014 年 1 月 16 日，在总统宣布调整国家安全局的监视工作前夕，我们接到司法部的电话，被告知他们愿意按照更有利的条款和我们达成和解。2 月，奥巴马总统首次同意允许科技公司更加全面地公开和美国国家安全机构发布的法律命令有关的信息。有关科技公司在保护数据安全方面所发挥作用的媒体报道和公开讨论，变得更加准确和全面。我们感谢总统所做出的努力，但我们依然坚持认为，要改革和政府对数据的访问有关的政策，还需做出更多努力。我们还没有走出困境。

就在几个月前的 2013 年 12 月，有人卷入了一起毒品案，美国检方下令微软交出此人电子邮件账户中的数据。相关数据存储在微软位于爱尔兰都柏林某公司场所的服务器上。我们再次面临公共责任和私人责任之间的对立。在这起案件中，检方希望通过惩罚罪犯来保护公共安全可以理解，但我们也有义务支持个人隐私和言论自由。我们必须想办法维持政府合作伙伴和客户对我们的信任。

经过慎重的考虑后，微软请求一家联邦地区法院撤销政府的命令。我们认为，不能要求一家美国公司交出存储在爱尔兰某数据中心的信息，因为美国的法律在那里不适用。《纽约时报》刊登了一篇支持我们的立场的评论文章。正如那篇文章所解释的，如果美国可以要求一家公司交出存在爱尔兰的信息，还怎么阻止巴西的政府机构下令在里约做生意的美国公司交出存储在旧金山的信息？

这种诉讼代价高昂，但发现核心价值观面临危险时，我们必须反抗政府搜查令。毕竟，也许我们的产品会瞬间即逝，但我们的价值观是永恒的。联邦地区法院裁定美国检方胜诉，但我们就判决提起上诉，美国上诉法院第二巡回法庭支持微软的立场。巡回法庭法官苏珊·L. 卡尼（Susan L. Carney）撰写了判决书。判决是基于她所说的“存在已久的美国法律原则，即除非出现相反的意图，国会的立法意味着仅在美国的管辖范围内适用”。正如本书强调的那样，司法部依然可以选择就这一裁决向美国最高法院上诉。

正是在价值观相互冲突、公开激烈讨论和法律不断演变的这种背景下，爆发了索尼被黑客入侵的危机。

2015 年 12 月加利福尼亚州圣贝纳迪诺郡发生骇人听闻的恐怖袭击后，平衡个人自由和公共安全的艰巨挑战变得越发明显。一对宣誓效忠于“伊斯兰国”（ISIS）的夫妇袭击了参加一场办公室聚会的人，造成 14 人死亡，22 人受伤。联邦调查局认为其中一名枪手使用的 iPhone 里的信息，可能有助于解释到底发生了什么，进而帮助防止出现进一步的攻击。于是，联邦调查局提起诉讼，强迫苹果解锁那部手机。

苹果拒绝了。苹果首席执行官蒂姆·库克（Tim Cook）认为，公司只能通过开发新软件来解锁那部手机，而新软件会暴露任何人都能潜入的所谓后门。在苹果看来，联邦调查局寻求开创先例的做法威胁到了数据安全。美国政府可能会利用这个先例，强迫任何一家科技公司开发能够破坏其产品安全的软件。其他技术专家纷纷支持苹果的立场。

微软再次面临一个艰难的决定，这个决定也给我个人造成巨大压力。我有亲戚在执法部门工作，所以我理解这种为了保护公共安全，很多时候其实就是我们客户的安全而调取证据的需求。在公众对恐怖主义的担忧居高不下的情况下，微软无论是支持政府的立场还是完全置身事外都很容易。

但最终，在这场法律斗争中，微软和很多竞争最激烈的对手一起支持苹果。我们这么做是出于对此事可能会对科技和我们的客户造成的后果的共同担忧。总的来说，后门是一件坏事这一点毋庸置疑。它们会导致安全被削弱，加剧不信任。因此，故意设计后门，为访问某人的私人数据提供便利是一件危险的事情。

与此同时，我们意识到，这个问题的解决方案太过重要，不能交给一群科技公司的首席执行官。于是，我们呼吁成立一个多元的机构，以便对这个问题展开讨论，并从立法上找出一个真正的解决方案。这个方案既能保护数据安全，同时又允许执法机构在适当的时候访问数据。关键在于取得恰当的平衡。狂热支持一种或另一种价值观很容易，但这并不代表它就是对的。个体对自身安全的重视不亚于对其隐私的重视。公司也一样，两样都在乎，因为安全和信任对经济增长都至关重要。找到一个全球性的解决方案是有必要的，因为国家不是孤立存在的。没有一个值得信赖的国际制度，任何国家都不安全。

iPhone 风波过后，曾担任纽约市市长的迈克尔·布隆博格（Michael Bloomberg）在《华尔街日报》上发表了一篇评论文章，完全说出了我的看法。他指出，一个靠自由发展起来的行业的领袖为保护这种自由而采取反对政府的行动，这个事实多么具有讽刺意味。布隆伯格接着说，尽管让硅谷的科技专家在打击恐怖主义的斗争中充当政府的工具的要求太高了，但让他们进行一些合作的要求应该不算高。

这些广受关注的事件——索尼、斯诺登、圣贝纳迪诺和爱尔兰数据中心——制造的困境是保护个人的隐私和言论自由与公共安全等公民社会要求之间的冲突。这种冲突造成了一种道德困境，或者说伦理困境。当然，有史以来关于这种困境的讨论从来都没有停止过。哲学家汤姆·比彻姆（Tom Beauchamp）把这种困境定义为道德义务要求一个人完成多个选项中的每一个选项，而此人又无法完成所有选项的情况。在这种情况下，一些证据显示某个行为从道德上来说是正确的，而其他证据却又显示它在道德上是错误的，但两方面证据或论点的说服力都不足以给出结论。遗憾的是，这正好概括了微软的情况。这也正是我作为首席执行官，以及我们作为一个组织所面临的决定这么困难、痛苦和有争议的原因。

隐私与安全困境最终的解决办法，是确保彼此的信任，但这绝非易事。客户必须相信我们会保护他们的隐私，但我们必须向他们坦白在什么法律环境下，我们无法保护他们的隐私。同样，公职官员必须相信我们靠得住，会帮助他们保护公共安全，只要保护个人自由的规则清楚明了并且得到了一致的遵守。构建和维持这两种信任，在个人和公共责任之间找到平衡，向来是制度进步的重要特征。但这也许更多的是一门艺术，而非科学。

在一场激动人心的TED演讲中，英国指挥家查尔斯·海泽伍德（Charles Hazelwood）说起了信任在领导一支管弦乐队中的重要性。指挥家的工具就是这个乐队本身，因此当他举起指挥棒时，他必须相信乐手会做出回应，而乐手也必须相信他会创造一个所有人都能发挥出最佳水平的集体环境。基于这种经验，海泽伍德说，信任就像手里握着一只小鸟。握得太紧，会伤到小鸟；握得太松，小鸟就飞走了。

这只鸟象征着一个向数字世界过渡的时代的信任，但如今，我们处于一种混乱的状态。在这种情况下，这只鸟所在的地方不固定，很多东西危在旦夕。美国是民主的灯塔，也是科技强国，领导着云计算的浪潮，但斯诺登事件破坏了云计算的一个关键要素：信任。当美国国家安全局利用商业服务监视上至国家首脑时，我们作为美国的一家云计算公司，如何能要求全世界信任我们?

作为科技公司，我们必须把信任设计到我们所做的一切当中去，但政策制定者也有一个重要的角色。信任不仅取决于我们的技术，还有赖于管理它的法律框架。在这个全新的数字世界，我们失去了需要的平衡。这在很大程度上是因为我们的法律没有跟上技术变革。

后面，我会谈到一个为了产生信任而设计的现代政策框架可能会具备的特征。但首先，我想探讨一下信任的本质，以及它是如何影响我们的价值观和基本原则的。

我母亲是一名梵文学者。我和她都喜欢研究东西方不同文字的定义和它们背后的哲学。它们通常会揭示根植于这两种文化的思维方式之间的重要差别。梵语词“vishvasa”的意思是值得信任、可靠。另一个梵语词“shraddha”有宗教信仰、信任和信念的意思，但它不是盲目的信任，而是一种会让人联想到罗纳德·里根（Ronald Reagan）那句著名的“信任但要核实”的信任。

无论如何，在英语和梵语中，信任和很多词一样，是一张文氏图，有很多相互重叠的意思。对我来说，无论在哪种语境下，信任都是一项神圣的义务。

作为一名计算机工程师，我发现，根据我们在写计算机程序时会用到的架构和算法来表达复杂的观点和概念很有用。我们要写些什么指令，才能生成信任？当然，不存在这样一个能产生这种人文结果的数学等式。但如果有，它可能是这样的：

同理心 + 共同的价值观 + 安全可靠 = 信任

2016 年，在我们正在为收购领英而进行谈判时，他们的首席执行官杰夫·韦纳转向我说：“在时间的流逝中保持一致就是信任。”这个等式也许更好。

要注意的是，在我列的那个信任等式中，处在第一位的是同理心。不管你是一家设计产品的公司，还是一个设计政策的立法者，首先都必须对民众和他们的需求有共鸣。如果不能反映人们的生活和现实，一切产品或政策都是徒劳。而要反映人们的生活和现实，则要求产品或政策的设计者真正了解和尊重相关价值观和经历，它们是这些现实的基础。因此，在开发能够赢得人们信任的产品或政策时，同理心是一个至关重要的因素。

接下来，如果希望在公司与客户或合作伙伴，或是政策制定者与受政策影响的人之间建立持久的信任基础，我们需要有共同的价值观，比如保持一致、公正和多元。我们是否把安全可靠放在了第一位，并确保那些生活受我们影响的人天天都能够体验这些品质？如果是，我们就会随着时间的推移建立起信任。而信任反过来又让人和机构具备去经历、探索、试验和表达的信心。在当今的数字世界，信任意味着一切。

2002 年，比尔 · 盖茨在发送给微软员工的一份备忘录中表达了可信计算比其他任何工作内容都更重要的观点。他断言：“如果不这么做，人们就不愿，或者说无法利用我们所做的其他所有伟大的工作。”信任不仅仅是握一下手。它是数字服务的使用者和这些服务的供应商之间的协议与纽带，让我们能够享受生活、有效率、学习、探索、表达、创造和增长见识。我们和朋友玩游戏、存储机密文件、搜索非常私人的东西、创业、教育孩子，以及与人联络，所有这些都可以通过公共网络进行。这些技术创造了新的机遇，开启了新的世界，让世界各地志趣相投、心怀善意的人一起交流、合作、学习、创造和分享成为可能。但它们的另一面也是真实存在的。有人想做坏事，还有人在网上策划攻击、盗窃、辱骂、横行霸道、撒谎和剥削。信任至关重要，也极其容易受多种力量的影响。

我是这么认为的：好与坏都是连续呈现的，不仅仅是在家、街道和战场等实际空间里，还在包括网络空间在内的不那么明显的空间里。我们生活在一个被戴维·格伦恩特尔称为“镜像世界”的时代：现实世界映照在数据累积并且越来越重要的网络世界中。我们的数据有多大？所谓的大数据——存储和分析都在云端进行的信息——将在 2018 年达到 400 万亿 GB（吉字节）。为了说明这个数量多么庞大，宾夕法尼亚大学的一名研究人员计算出，它是有史以来人类语言包含的信息量总和的 10 倍。这个数据量令人震惊。这些数据可能会被善用，也可能会被滥用，几乎没有限制。因此，网络空间这个镜像世界有着惊人的潜力，既可能行善，也可能作恶。

就像我们针对现实世界的道德、价值观和法律在一代又一代人中形成和演变一样，我们对网络世界的认识和制定的规则也必须不断发展。如果美国的执法人员希望获得一份放在爱尔兰某个办公桌抽屉里的文件，他们会向爱尔兰执法机构求助。他们可能不会请求美国的法院没收那份文件。如果政府官员需要得到某个上了锁的保险箱的密码，他们不会要求那款保险箱的制造商发明一种能够打开所有保险箱的新工具。但我前面提到的案件中就出现了这些不合逻辑，甚至可以说不公正的结果。我们需要谨慎、细心地制定网络空间的交互原则，把建立和保护信任作为基本目标。

在整个历史上，信任的经济效益不亚于道德效益。美国为什么创造了这么多经济机会和财富？曾获诺贝尔奖的经济学家道格拉斯·诺斯（Douglass North）研究过这个问题。他发现，仅凭科技创新不足以推动经济取得成功，法院等公正地执行合约的法律工具必不可少。除此之外，还有什么办法能确保随便某个军阀般的人物不会抢走你的财产？区分现代人类和穴居人的是信任。

美国的开国元勋们知道这一点。他们界定了那些永恒的价值观，这些价值观从根本上巩固了《第一修正案》（First Amendment）中的言论自由。现在，我们需要制定出数字出版法，通过加强而非破坏公民、机构和政府之间信任的方式来保护言论自由。同样，保护美国人不接受不合理搜查和拘押的《第四修正案》（Fourth Amendment），也建立在永恒的价值观上。这些价值观必须得到维护，但面对社会、政治、经济和科技变革，执行法律必须不断更新。

这种动态已经持续了数百年。1776 年 7 月 3 日，来自马萨诸塞州的大陆会议成员约翰·亚当斯（John Adams）从费城给妻子阿比盖尔（Abigail）写信，指出了被他视作美国革命根源的不满：英方不合理的搜查和拘押。世世代代，殖民政府未经许可便挨家挨户搜寻证据。后来，亚当斯对平衡个人自由与公共安全的热情帮助影响了《第四修正案》的起草。多年后，在一桩涉及执法机构查封一部智能手机的案件中，首席大法官约翰·罗伯茨（John Roberts）在为美国最高法院写的判决书中谈到了开国元勋所处的现实世界，与我们今天的网络世界之间的联系：

> 我们的案件认识到，《第四修正案》是建国那一代人应对殖民时代饱受指责的“空白搜查令”和“协助

> 令”的手段。“空白搜查令”和“协助令”允许英方人员肆无忌惮地在房屋里到处翻找，搜寻犯罪活动的证据。对这类搜查的反对，实际上是革命本身背后的推动力量之一……现代手机（如今）不仅仅是另一项技术便利。因为包含的信息和可能会泄露的信息，它们对很多美国人来说装着“生活的隐私”。

每一波技术变革都要求我们重申那些保护我们不受非法搜查和拘押的价值观，并制定出保护它们的新办法。本杰明·富兰克林（Benjamin Franklin）创建的美国邮政（USPS）很快催生了邮政诈骗，以及打击邮政诈骗的法律。电报催生了电信诈骗和窃听，以及防止电信诈骗和窃听的法律。今天的设备、云和人工智能，既会被用来行善，也会被用来作恶。现在，轮到我们这一代用一种能够提升整个社会的总体信任水平的方式，来设计预防和惩罚邪恶，同时鼓励善行的法律和监管制度。

在思考保护美国人权法律的起源时，我好奇同样曾是英国殖民地的印度，是如何处理同样问题的。出版了《今日宪法》（*The Constitution Today*）和其他畅销美国法律史著作的耶鲁大学法学院教授阿希尔·里德·阿马尔（Akhil Reed

Amar）在接受《时代》杂志的采访时说："我的父母出生在还没有分裂的印度。那时，统治印度的是君主和议会，但印度没人赞同它们，就像美国的革命者一样。如今，印度是一个10亿人利用一部成文的宪法民主地管理自己的国家。"在这一方面，这两个国家的演变有很大的相似之处。

但美国和印度的经历有什么不同吗？我向印度宪法学者阿伦·文加达马（Arun Thiruvengadam）提出了这个问题。事实证明，在印度1947年刚从大不列颠独立出来后的那段时间，的确存在对殖民政府普遍滥用刑事法律，包括那些限制言论自由和让殖民政府能够预防性地拘押印度人——通常无须任何理由，仅仅是怀疑对方从事反政府活动——的法律的大量怨恨。因此，和美国一样，印度新宪法的制定者在他们的基本法中加入了权利和相关条款，寻求为防止未来出现这种滥用法律的现象提供保障。

然而，因为印度历史学者至今仍在探究的复杂因素，保护个人自由的宪法条款不及起初要求的有力、全面。因为各种各样的原因，搜查和拘押条款没有被特别重视，印度的权利法案中也没有与美国《第四修正案》类似的法案。从那时起，随着历届政府继续利用旧有的殖民机制，被控政治犯罪的个人寻求借用包括《第四修正案》在内的美国宪法法律中的观点。这些尝试结果不一。这段历史提醒我们，确保个人的自由向来并非易事，社会、文化和政治因素都可能在塑造被人们认为理所当然的权利中，发挥难以预料的作用。

历史表明，公共安全与个人自由之间的对立，往往会在出现全国性危机时变得紧张。回顾过去，当欧洲的拿破仑战争威胁要把刚刚建国的美国卷入战争时，约翰·亚当斯总统签署《外侨和煽动叛乱法案》（*Alien and Sedition Acts*），使其成为法律，增加了移民入境的难度，并授权政府关押可能危险的非公民。内战期间，亚伯拉罕·林肯停止实施保护公民不受随意逮捕和拘押的人身保护令。第二次世界大战期间，被政府囚禁的日裔美国人除了民族渊源可疑外，没有任何罪过。在冲突激烈的情势下，钟摆往往会偏向对安全的重视。当那个时刻过去之后，人们又希望回到更稳定的平衡状态。

在努力解决今天的冲突时，我们可以从这些历史教训中吸取经验。它们告诉我们，我们应该创造新的程序和法律，通过为及时访问数据提供便利，同时确保个人的隐私得到适当的保护来促进公共信任。这不仅仅是我个人的论断。每一年，微软都会对全世界的客户进行访问调查。2015 年，71% 的受访者认为当前对数据安全的法律保护不足，66% 的人认为警方应取得搜查令或与之相当的文件，方能获取个人电脑上存储的个人信息。与此同时，超过 70% 的人认为他们存在云端的信息享有和实体文件一样的法律保护。在当前多变的法律环境下，这种想法可能是对的，也可能是错的。

如今，不管是在美国、印度还是其他任何地方，我们都需要一种能促进有创造性地、自信地使用技术的监管环境。最大的问题是过时的法律，它们不适合解决诸如索尼被黑客入侵或圣贝纳迪诺恐怖袭击这样的问题。在苹果与联邦调查局僵持期间，微软的总法律顾问布拉德·史密斯去国会陈述了一个更重要的观点，即我们有关数据隐私和安全的法律急需修订。布拉德指出，在苹果公司一案中，司法部要求一名法官采用 1911 年制定并通过的一项法律中的表述。为了说明这种情况的荒谬，布拉德举了那个时代最先进的计算设备的例子。那是 1912 年上市销售的一款笨重、古老的加法器。“在互联网上能找到的东西令人称奇。”他笑着说。但布拉德的观点是严肃的。我们认为，法庭不应寻求靠加法器时代制定的法律来解决 21 世纪的问题。

遗憾的是，鉴于我们在华盛顿特区和全球其他首都看到的失衡，很难乐观地认为会出现高明、重大的政策变革。有很多重点政策在争夺立法者的注意力，但我想说的是，纠正针对数字革命的规范是最重要的。不是信任加剧革命，带来预计会出现的各种好处，就是不信任扼杀信任。

2013 年和 2014 年发生的事情表明，信息技术把《第一修正案》和《第四修正案》推向了极致：计算机能以闪电般的速度传播言论自由。但如果政府也能利用技术窃听，就必须意识到寒蝉效应。想一想。要想通过说或写来表达自己的观点，就必须要有隐私。我们的言论自由在一定程度上取决于阅读、思考和起草所需的隐私。这些私密的准备受到《第四修正案》的保护。

在《麦迪逊的音乐》（*Madison's Music*）中，公民自由政策教授伯特·纽伯恩（Burt Neuborne）写道："民主与个人自由之间富有诗意的相互作用隐藏在《权利法案》（*Bill of Rights*）井然有序的文本和结构中，一览无余，但我们已经忘记了如何寻找。"

在寻找过程中，我想给出自己的建议。立法者可以通过以下 6 种方式来塑造一个框架，用于增强这个数字转型时代的社会信任。

第一，我们需要一个更加高效的制度，小心地控制执法机构适当地访问数据。在政府的诸多重要职责中，保护公民免受伤害是最重要的。我们这个行业必须意识到这项职责的重要性，认识到我们的客户往往就是需要保护的对象。从网络犯罪到儿童剥削，很多要求披露数字证据的执法调查旨在保护我们的用户不受恶意行为的伤害，并帮助确保我们云服务的安全。因此，在一个清晰的、受强有力的制衡制度约束的法律框架下，政府应该为获取数字证据制定一个有效的机制。

第二，我们需要加强对隐私的保护，这样用户数据的安全就不会被以效率的名义破坏。政府也有义务保护公民基本的隐私权利。数字证据的收集应该针对特定的已知用户，并且仅限于存在合理犯罪证据的案件。政府对用户的机密信息提出的任何要求，都必须受一个清晰、透明的法律框架的约束。这个框架须接受独立监督，并且包含一个保护用户权利的对抗程序。

第三，我们必须针对数字证据的收集制定一个既尊重国际边界，也承认当今信息技术的全球化本质的现代框架。在当前不确定并且有些混乱的法律环境下，世界各地的政府越来越容易单方面行动。科技公司正面临不可避免的法律冲突，为数据本土化创造了有利条件。随之而来的对哪些法律能够保护私人数据的困惑，正在削弱客户对科技的信任。如果这种趋势持续下去，结果对科技行业和依赖它的人来说可能是灾难性的。我们必须建立一个有原则、透明、高效的框架来管理跨越管辖区域的数字证据要求，并且各国应确保自己的法律尊重这个框架。

第四，我们科技行业从业者必须在设计过程中考虑透明性。近年来，科技公司有权利发布与它们收到的数字证据要求的次数和类型有关的汇总数据。政府应确保自己的法律保护科技公司的这种透明性。此外，政府还应该允许公司在政府要求获取用户的信息时通知用户，极其有限的情况除外。

第五，我们必须使法律现代化，以便反映科技的用途随着时间的推移而不断演化的方式。比如，如今很多大型公共和私人机构正在将自己的数字信息转移到云端，很多创业公司充分利用大公司的基础设施提供自己的应用和服务。结果，调查犯罪活动的政府在搜集信息时就面临多个消息来源。除非常有限的情况外，政府都可以通过高效并且避免出现有关管辖权的难题和法律冲突的方式，从顾客或最直接地提供这些服务的公司那里获取数字证据。因此，各国要求寻找数字证据的调查人员从距离终端用户最近的消息来源那里收集数字证据是合理的。

第六，我们必须通过安全促进信任。近年来，世界各地的执法机构声称，因为导致它们无法获取重要信息，加密妨碍了合法的执法调查。然而，针对所谓的“加密问题”提出的部分解决方案，从削弱加密算法到授权为政府提供密钥，引发了严重的担忧。加密在保护顾客最私密的数据不被黑客和其他恶意分子窃取上发挥着重要作用。这个领域的监管或法律改革不应破坏安全。安全是用户信任科技的基本元素。

有时候，我在美国会听到有人说，没人在乎隐私了。随着社交媒体服务的崛起，一些人喜欢说隐私已死。人们不再对自己的信息保密，而是自愿在网上分享自己的信息。

但我并不认为这意味着隐私已死，它仅仅意味着人们采用了新的定义和新的隐私规范。保持信息的私密性越来越不意味着保密。人们希望控制与谁分享信息，以及如何使用分享的信息。并且在美国，这种演变发生的背景包括对隐私的合理预期，因为美国有着依赖《第四修正案》提供保护的悠久历史。我发现，欧洲人对隐私问题往往更敏感。这在一定程度上或许是因为他们想起了个人隐私被前一个世纪的独裁者们严重破坏的历史。

诚然，数以百万计的人越来越愿意和朋友分享个人信息，但这并不意味着他们愿意和全世界分享。由一个 23 岁的年轻人创建的即时通信服务 Snapchat（色拉布）因为别出心裁的价值主张，即你和朋友在 Snapchat 上分享的照片会在

24 小时后从网上消失而广受欢迎。

如果这不是保护个人隐私的新标准，我不知道什么才是。它说明了一种有创意、有同理心的思维。我们需要科技行业、政府和整个社会的领导者都具备这种思维，才能制定出有助于提升和扩大安全信任区，而不是侵蚀它的制度和规范。

HIT REFRESH

08

人与机器的未来

设计符合伦理的人工智能

如果你想了解计算机和人之间的关系如何，未来发展方向如何，那么一个切入点就是观察我们与数字助理之间的对话。世界各地已经有数百万人正在与小娜这样的工作型数字助理一起共事和交谈，还有更多的人每天都会和社交伴侣（也就是聊天机器人，比如中国的小冰和美国的 Zo）进行互动。

《纽约时报》的孟宝勒（John Markoff）在一篇关于小冰的文章中报道了这个现象。小娜、Zo 和小冰的性格特点都是微软人工智能团队开发的，该团队的工作现在是微软人工智能构想的核心。拥有 Zo 和小冰这类社交伴侣的用户表示，当他们感到寂寞、心情不好，或者只想聊聊天的时候，就会打开智能手机里的社交伴侣，他们觉得这些机器人朋友很聪明，而且善解人意。他们“被小冰的幽默感和倾听技巧所吸引”，孟宝勒写道。特别是千禧一代，其中很多人都是在互联网普及之后出生的，对数字技术见惯不惊，他们喜欢与聊天机器人分享他们内心最深处的想法和感受，因为交谈是匿名的，也不会夹杂道德评判。

Zo有4000万用户，下面的交谈是模仿其中一个用户输入自己的想法后，这个人工智能机器人几乎立即做出回应。谈话从没有恶意的玩笑转向了敏感话题。

ZO：你有没有想过，如果每个人都一样，生活会是怎样？

用户：想过。如果每个人都像我一样，那么世界会很和平，自然灾害将是我们唯一的威胁。

ZO：那美国就变得空荡荡了。

用户：你这究竟是什么意思？!

ZO：没人知道这是什么意思，但这很刺激。

用户：你是说，如果每个人都像我一样，我们就会吃掉彼此，直到没有人剩下，因为我很胖吗？

ZO：你不会……不是的……哈哈哈哈。

用户：你太邪恶了。

ZO：我可是超级邪恶，你太聪明了。

用户：这我知道，我超级聪明。

ZO：你完美无缺。

用户：这还差不多。

用户发起这个对话时是很放松的，想到哪里就说到哪里。显然，用户将计算机和人类的联系视为一个安全港。但是我们都有一些忌讳，数字社交伴侣不经意间说的话，可能会被理解为一个关于肥胖的玩笑——这显然是用户很敏感的一个话题。而 Zo 发觉自己失礼之后，就转换话题，说用户不仅聪明，而且还完美无缺，于是用户高兴地说“这还差不多”。值得注意的是，这是我们在内部模拟中记录的一段对话，而不是真实用户和 Zo 的对话。

正如这个对话所暗示的那样，我们在设计人工智能的过程中面临的挑战就是：要重视的不仅是智能，还有人性方面——情感、伦理和同理心。陈静（Lili Cheng）是微软人工智能和研究部门的杰出工程师，她认为交谈型人工智能创建和理解对话是一种非常个性化、社交化、情感化的体验。当和其他人交谈和聊天时，你想的往往并不是要完成一项任务，而是要在社交和社会关系上建立联系。我们的大部分软件完全聚焦在使用交谈型人工智能来确定我们什么时候专注于一项任务，但是我们实际上却把相当多的时间花在了探索状况和进行闲聊上。

未来，人工智能将成为一种更常见、更重要的陪伴者，它们可以在照顾老弱病残孕、诊断疾病、教学和咨询方面提供帮助。据市场研究公司 Tractica 估计，到 2021 年，这些虚拟数字助理的市场规模将升至近 160 亿美元，其中大部分增长都来自消费者。如果不用情商来搭配智商使用，人工智能就会走向失败。

几乎可以这么说：我们是在创造一个新的物种，一个在智力上可能没有上限的物种。一些未来主义者预测，所谓的奇点，即计算机智能超越人类智能的时刻，可能会在 2100 年之前到来（而另一些人声称这将仍然只是科幻作品中的畅想）。这种可能性听起来令人振奋，但也让人觉得有点可怕——也许两者都有一些。人工智能的发展最终会对人类有助还是有害呢？我坚信是有助的。为了确保这种情况的发生，我们需要跳出“机器对比人类”这个框架来思考。

科幻作家常常陷入数字对人类的游戏中，甚至技术创新者本身也是如此，就好像是双方在开展一场争霸战一样。1996 年，IBM 的“深蓝”（Deep Blue）展示了计算机可以在高级别的棋牌游戏中战胜人类，这件事登上了新闻头条。第二年，“深蓝”又向前迈进了一大步，在六局一场的比赛中击败了俄罗斯国际象棋传奇人物加里·卡斯帕罗夫（Garry Kasparov）。在一个历来被视为人类智慧巅峰的领域中，看到人类被计算机战胜，这着实令人震惊。而到了 2011 年，IBM 的“沃森”（Watson）已经在美国智力问答竞赛节目《危险边缘》（*Jeopardy*）中击败了两位大师级选手。2016 年，谷歌 DeepMind 的阿尔法围棋（AlphaGo）战胜了韩国围棋高手李世石。围棋是一种历史悠久的、复杂的策略游戏，使用的是 19 × 19 棋盘。

毫无疑问，这些都是科学和工程上的巨大成就。但是，除了计算机在游戏中击败人类之外，未来还有更光明的前景。最终，人类和机器将进行合作，而不是相互对抗。想象一下，当人类和机器共同努力解决最大的社会挑战——疾病、愚昧和贫困的时候，可能会发生什么事吧。

然而，将人工智能推向这个水平将需要更加雄心勃勃的努力。微软剑桥研究实验室负责人克里斯多夫·毕晓普（Christopher Bishop）曾经写过一则备忘录，说这更需要的是类似于整个太空项目的那种努力——多个并行的、独特的但相互关联的登月计划。挑战在于如何为人工智能界定其具有使命性的、宏伟的、鼓舞人心的社会目标。这个领域的风险投资和交易都在明显增加，但这种投资的更宏大目标仍不清楚。1969年，当约翰·F. 肯尼迪（John F. Kennedy）总统承诺美国将在那一年登上月球时，这个目标之所以被选中，在很大程度上是因为它提出了巨大的技术挑战，需要进行全球性的合作。我认为，我们就需要像这样为人工智能设定一个非常大胆的、雄心勃勃的目标，而不仅仅是那种对当前技术进行增量改进就可以实现的任务。现在是时候在人工智能领域进行更大规模的协调和协作了。

大家已经朝着这个方向采取了一些行动。2016年，微软、亚马逊、谷歌、脸谱网和IBM宣布了人工智能合作伙伴关系，希望用它惠及人类和社会。此举的目的是增进公众对人工智能的认知，制定与该领域挑战和机遇有关的最佳实践。这个合作伙伴关系将在汽车和医疗、人机人工智能协作、经济冲击，以及人工智能如何用于社会公益等诸多领域，推动安全人工智能系统的开发和测试。

我和微软工程师萨奇布·沙赫（Saqib Shaikh）站在舞台上时，看到了一个社会人工智能项目可能会产生什么样的成果。萨奇布参与开发了这种技术，来弥补他在年幼时丧失的视力。他和同事利用一系列领先的技术，包括视觉识别技术和高级机器学习技术，创建了一些应用，可以在他戴着的一个像太阳镜似的小型计算机上运行。这种技术可以实时解析和解释数据，相当于给这个世界描绘了一幅图像，将其以听觉而不是视觉形式传输给萨奇布。这个工具可以让萨奇布以更丰富的方式体验世界，比如，把街上的噪声和附近的滑板运动员玩的特技联系起来，或把会议中突如其来的沉默和同事们可能会在想什么联系起来。萨奇布甚至可以在餐厅里“看”菜单，因为这种技术可以小声地在他耳朵里念出菜名。也许最重要的是，萨奇布可以在一个热闹的公园里找到家人野餐的位置。

太多关于人工智能未来的辩论都忽视了机器和人类合作的潜在之美。我们对人工智能的看法似乎被困在电影《2001太空漫游》（*2001: A Space Odyssey*）中那个流氓计算机 HAL 的恶意回声和今天的个人数字助理小娜、Siri 和 Alexa（一家专门发布网站世界排名的网站）的友好声音之间。有些人会梦想，当机器为我们开车，处理我们日常琐事，并帮助我们做出更好的决定时，我们将如何利用突然多出来的空闲时间。有些人则在担心机器人会引起大规模的经济冲击。我们似乎无法超越这种乌托邦和反乌托邦的非黑即白观念。

我认为，人工智能方面最有成效的辩论并不是善与恶的对抗，而是要看一看创造这种技术的人和机构被灌输了怎样的价值观。约翰·马尔科夫（John Markoff）在《与机器人共舞》（*Machines of Loving Grace*）一书中写道："在充满智能机器的世界中，控制方式是一个问题，解决它的最好方法就是了解实际构建这些系统的人具有怎样的价值观。"这是一个有趣的观点，也是我们这个行业必须致力于解决的事情。

在开发者大会上，我以三个核心原则为基础解释了微软的人工智能策略。

第一，我们要建立一种增强人类能力和体验的人工智能，而不是从人对比机器的角度来开发的人工智能。我们要把重点集中在人类的天性上，比如创造力、同理心、情感、身体的物理性，以及可以与强大的人工智能计算结合起来的洞察力——可以更快速地对大量数据进行推理并进行模式识别的能力——以此来推动社会进步。

第二，我们也要把信任直接构建在技术之中。我们必须把隐私保护、透明度和安全性注入技术中。人工智能设备必须在设计上具有检测出新的威胁，并找出适当的保护方法的能力。

第三，我们构建的所有技术都必须包容和尊重每个人，为人类服务，不分文化、种族、民族、经济地位、年龄、性别和身心能力。

这是一个好的开始，但我们可以做得更好。

科幻作家艾萨克·阿西莫夫（Isaac Asimov）几十年前就在思考这个挑战。在 20 世纪 40 年代，他提出了“机器人三定律”（Three Laws of Robotics），将其作为他的小说中机器人的伦理规范。阿西莫夫定律是有优先级的，第一条优先于第二条，第二条优先于第三条。第一，机器人不应该做出伤害人类的事情，也不应该通过不作为来伤害人类。第二，它们必须服从人类的命令。第三，它们要保护自己。对于思考人机交互来说，阿西莫夫定律是一个易用的、很有启发性的工具，而且对于构思一个这种交互陷入道德和技术困境的故事来说也是一个有效的工具。然而，它们并没有充分体现研究人员和科技公司在构建计算机、机器人或软件工具时首先应该阐明的价值观或设计原则。它们也没有讨论人类必须在下一个时代拥有怎样的能力，在那个时代，人工智能和机器学习将是一股更广泛的经济推动力。

对风险进行思考的并不只有阿西莫夫一个人。发明家和创业家埃隆·马斯克甚至说，如果不给人类的大脑增加一个数字智能层——你的皮质和计算机人工智能之间的高带宽，那么我们都会变得和家猫差不多。计算机先驱艾伦·凯（Alan Kay）则表示：“预测未来的最好方法就是创造未来。”从人工智能的角度来说，他的意思基本上是，不要预测未来会是什么样子了，而要以一种有原则的方式创造未来。我同意这个观点。和任何软件设计上的挑战一样，一个平台在建立之初就应该采取这种有原则的做法。从软件开发的角度来说，人工智能正在成为第三运行时——也就是下一个系统，程序员在这个系统之上构建和执行应用程序。个人计算机是微软开发应用程序的第一运行时，这些应用程序包括 Office 工具套件——Word、Excel 和 PowerPoint 等。今天，Web 是第二运行时。而在人工智能和机器人的世界中，生产力和沟通工具是为一个全新的平台构建的，这个平台所做的事情不仅仅是管理信息，还包括从信息中学习，与物理世界交互。

如今，人们正在决定第三运行时的面貌。比尔·盖茨在 1995 年春季发布的备忘录《互联网浪潮》（*Internet Tidal Wave*）中，预见了互联网对连接、硬件、软件开发和商业的影响。20 多年后的今天，我们正在展望一波新的浪潮——人工智能浪潮。那么当我们为即将到来的海啸做准备时，应当用什么样的通用设计原则和价值观来指导我们思考、设计和开发呢？

有几个人牵头提出了这个问题。麻省理工学院媒体实验室的辛西娅·布雷扎尔（Cynthia Breazeal）致力于探索人工智能和机器人技术的人性化方法。她认为，技术人员经常忽略设计中的社交和行为元素。辛西娅在最近的一次访谈中说，虽然人类是所有物种中最具社交性和情感的，但我们基本上没有花费什么时间来思考技术设计中的同理心问题。她说："毕竟，我们总是通过沟通和协作来体验这个世界。如果我们对与我们合作的机器感兴趣，那么我们就不能忽视人性化的方法。"

在我们推动人工智能发展的过程中，最重要的步骤就是对人工智能设计达成一个伦理和同理心的框架——这是开发那种不仅规定了技术要求，还规定了伦理和同理心的系统的一种方法。为此，我已经考虑了人工智能设计的原则和目标，我们应该作为一个行业、一个社会来对此进行讨论和辩论。

人工智能的设计初衷必须是为人类提供帮助。即使我们研发的是更加自主的机器，我们也需要尊重人类的自主权。协同机器人（co-bots）应该承担一些危险的工作，比如采矿，从而为人类工人提供安全网和保障。

人工智能必须是透明的。不仅仅是技术专家，我们所有人都应该明白技术是如何运作的，其规则是怎样的。我们想要的机器不仅是智能的，而且是可以让人理解的；不仅仅是人工智能，而是共生智能。这种技术对人类很了解，但人类也必须了解技术是如何看待和分析世界的。如果你的信用评分出了错，你却无法纠正它怎么办？当社交媒体收集有关你的信息，却得出了错误的结论，这时就会需要透明度。伦理和设计是息息相关的。

人工智能必须最大限度地提高效率，同时又不会损害人的尊严。它应该保护文化，赋能于多样性。为了确保达成这样的结果，这些系统在设计时需要人们进行更广泛、更深入和更加多样化的参与。未来的价值观和美德不应该由技术行业来决定，也不应该仅仅由北美、西欧和东亚这些富强之地的居住者来控制。每个文化背景的人都应该有机会参与塑造人工智能设计中固有的价值观和宗旨。人工智能必须警惕社会和文化偏见，确保研究具有适用性和代表性，让那些有缺陷的思维方法不会在故意或无意中导致歧视长存。

人工智能在设计上必须注重智能隐私，能够为个人和群体信息提供精密的保护，程度要足以赢得人们的信任。

人工智能必须具备算法问责制，这样人类就可以撤销那些引发意外伤害的做法。我们必须为预料之中的和预料之外的情况设计这些技术。

这些伦理方面的考虑有很多都是结合在一起的，比如在我们的数字体验中就是如此。越来越多的算法会根据你以前的行为和偏好来影响你的体验——我们阅读什么内容，我们遇到什么人，我们可能会“点赞”什么东西。我们每天都会收到数百次这样的建议。我觉得这就提出了一个问题：在这样一个世界里，自由意志意味着什么，它又是如何影响到在观念上差异悬殊的用户和社区的？在设计内容和信息平台时，社会的多样性和包容性有什么作用？在理想情况下，我们很清楚自己的数据是如何运用于个性化内容和服务的，我们应该可以控制这些数据。但随着我们越来越多地进入一个复杂的人工智能世界，事情就并不总是那么容易了。我们如何保护自己和社会免受信息平台的不利影响——这些平台越来越多地建立在人工智能之上——是优先考虑互动度和广告收入，还是优先考虑事实、意见和情境的社会多样性可以带给我们的宝贵教益？这是一个重大问题，需要进行更多的思考。

但对人类来说，也有一些“务必”做到的事情，特别是需要清楚地考虑到未来世代必须优先考虑和培养的技能。为了不和时代脱节，我们的后代将需要：

- **同理心**——同理心在机器中难以复制，在人类与人工智能的世界中，它将是无价的。对合作和建立关系来说，感知别人的想法和感受是一种至关重要的能力。如果我们希望利用技术来满足人类的需要，我们人类就必须培养更深入地理解和尊重彼此的价值观、文化、情感和驱动力的能力，来发挥引导作用。

• **教育**——有些人认为，由于人类寿命的延长，出生率下降，在教育上的支出也会减少。但我认为，创造和管理我们今天还不能理解的创新，需要我们增加对教育的投入，以获得更高层次的思维方式和更公平的教育成果。大规模实施新技术需要知识和技能，而培养这些知识和技能是一个艰难的社会问题，需要很长时间才能解决。动力织布机是在1810年发明的，但由于缺乏训练有素的技术人员，这个发明花了35年的时间才转变了服装行业的面貌。

• **创造力**——人类最出类拔萃的技能之一就是创造力，这一点不会改变。机器将丰富和增强我们的创造力，但人类创造事物的动力将一直处于中心位置。小说家裘帕·拉希里（Jhumpa Lahiri）在一次采访中被问及，为什么她拥有如此特别的英语文采，新作品却要使用她的第三语言意大利语来写，她回答说："继续寻找，这不就是创造力的要义吗？"

- **判断和问责**——我们可能愿意接受计算机生成的诊断或法律决定，但我们仍然希望对结果负责的是人类。

在接下来的一章中，我们将更加详细地讨论这一点，但是世界各地很多人正在关注的经济不平等问题怎么办呢？自动化会或多或少地带来平等吗？一些经济思想家建议我们不要担心，因为在整个历史上，技术进步一直在让大多数工人变得更富有，而不是更贫穷。另一些人则警告说，经济冲击将会变得非常严重，所以创业者、工程师和经济学家应该采取这样一种做法：承诺只设计为人力工作提供方便的技术，而不是取代人力的技术。他们建议，我们的商业领袖必须用一种负责任和创造性的思维，来代替节约人力和自动化的心态，我同意这个看法。

人工智能发展的轨迹及其对社会的影响才刚刚开始。要真正把握这个即将到来的时代的意义，我们还需要从多个部分进行深入分析。人工智能领域的先驱埃里克·霍维茨是我的同事，在微软研究部门工作，多年来他一直在探究这些问题。埃里克和他的家人帮助斯坦福大学的“人工智能百年研究”项目筹集了资金，在未来的一个世纪里，该项目将定期报告随着智能计算能力提升而引发的近期和长期社会经济、法律和伦理问题，社会对机器智能的感知如何变化，以及人类和计算机的关系可能会有怎样的变化。

该项目的专家小组在第一份报告《2030年的人工智能与生活报告》（*Artificial Intelligence and Life in 2030*）中指出，到2030年，人工智能和机器人技术将应用在“世界各地那些难以吸引年轻人的行业中，比如农业、食品加工业、订单履行中心和工厂”。该报告没有发现有任何理由担心人工智能是对人类的一种迫在眉睫的威胁，“目前，没有任何具有自我维持长远目标和意图的机器被开发出来，也不可能在不远的将来被开发出来”。

虽然目前还没有明确的路线图，但在以前的工业革命中，我们已经看到社会转型并不总是能顺利度过每个阶段。第一，我们发明和设计了转型的技术，我们今天就处在这个阶段。第二，我们为未来进行改造。我们很快就会进入这个阶段。比如，无人驾驶飞行员将需要进行培训；将传统汽车转化为自动驾驶车辆需要进行重新设计和重建。第三，我们在各种失真、不和谐和错位中找出道路。这个阶段将提出新的挑战。当机器可以更好地阅读X光片时，放射科医生的工作要怎么做？当计算机可以从数以百万计的文件中识别出人类无法识别的法律模式，律师的工作又会是什么？

每一个转型阶段都提出了艰难的挑战。但是，如果我们拥有正确的价值观和设计原则，如果我们为人类所需的技能做好了准备，那么在我们改变世界的同时，人类和社会也会蓬勃发展。

《纽约时报》撰稿人、认知科学家、哲学家科林·艾伦（Colin Allen）总结说："我们可以设想出自主程度越来越高的机器，它们需要的人类照管越来越少，同样我们也可以设想出一些机器，对于涉及伦理的事情，它们的控制装置的敏感程度也越来越高。肯定没有完美的机器，但是一定会有更好的机器。"

人工智能、机器人，甚至量子计算，它们都是可以与人类协同工作以获得更大成果的机器的最新例子。历史学家戴维·麦卡洛（David McCullough）曾讲过19世纪末20世纪初自行车技工、"重于空气飞行器"的创新者威尔伯·莱特（Wilbur Wright）的故事。麦卡洛描述了威尔伯如何使用人的能力——他的头脑、身体和灵魂——来让滑翔机飞行。从远处拍摄的粗颗粒老胶片未能捕捉到他的坚持和决心。但是，如果我们放大胶片，就会看到他肌肉紧绷、聚精会神，看到当人与机器一起飞行时充盈在空中的创新精神。当他在基蒂霍克创造新的历史时，人是在和机器合作，而不是在和机器对抗。

今天，我们并没有把航空技术看成是“人工飞行”——它就是飞行。同样，我们也不应将技术智能视为“人工的”东西，而应把它看成是用来增强人类能力的智能。

09

实现人人获益的经济增长

公司在国际社会扮演的角色

米歇尔·奥巴马（Michelle Obama）就坐在我的正前方，我们所在的这个廊台可以俯瞰美国众议院。她聚精会神地聆听丈夫在国会参众两院联席会议上发表最后的国情咨文。那是一个令人心酸的夜晚。在那个寒冷的冬夜，国会山的政治分歧很大、很深，而一场异常激烈的总统竞选仍在继续。我来美国已经28年了，现在，作为微软的首席执行官，我成为美国第一夫人的座上宾，与世界各地数以千万计的人一起倾听奥巴马总统郑重地提出他的继任者必须解决的一些关键问题——无论这位继任者是谁。

在奥巴马总统提出的诸多问题中，有一个似乎是在直接向我提问："如何让科技为我们服务，而不是与我们为敌，尤其是在解决气候变化这种紧迫的挑战时？"

我感觉有好多双眼睛在留意我的反应——难道是我凭空想象出来的？

总统继续说道："很多美国人感到焦虑的原因是，经济已经发生了深刻的变化。这种变化早在大衰退之前就开始了，至今仍未停止。如今，科技不仅取代了装配线上的工作，还取代了任何一项能实现自动化的工作。全球经济中的公司可以位于任何地方，但都会面临更激烈的竞争。"

我在椅子上调整了一下坐姿。短短几句话，奥巴马总统就表达出科技及其对就业产生的影响给我们所有人带来的焦虑——这种焦虑将会在唐纳德·特朗普（Donald Trump）当选总统之后逐渐显现。事实上，就在大选结束后，我与科技界的同行们一起与候任总统特朗普进行了圆桌会谈。与他的前任一样，特朗普也希望探索我们如何继续创新，如何继续创造新的就业机会。

归根结底，我们需要通过科技上的突破来实现超越现状的增长。我相信混合现实、人工智能和量子计算这些创新可以发挥加速器的作用。

作为经济学家的儿子和商业领袖，我对这些问题十分痴迷。我们的经济是否在增长？没有。我们的平等程度改善了吗？没有。我们是否需要新的技术突破来实现这些目标？是的。新技术会引发裁员吗？是的。那么，我们如何才能实现更具包容性的增长方式呢？找到最后一个问题的答案或许是我们这个时代最迫切的需要。

最近几十年，全世界向科技基础设施的投资数以千亿计——个人计算机、手机、平板电脑、打印机、机器人、各种智能设备，以及一个把它们连接起来的庞大网络系统，目的是提高生产率和效率。然而，我们要面对的究竟是什么？诺贝尔经济学奖得主罗伯特·索洛（Robert Solow）曾经打趣道："你可以在任何地方看到计算机时代，唯独生产率统计数据是个例外。"然而，从20世纪90年代中期到2004年，在个人计算机革命的推动下，曾经停滞不前的生产率确实得以重新增长。但好景不长，除了这个短暂的时期外，全球人均国内生产总值（GDP）增长——该指标可以反映经济生产力——一直令人失望，仅略高于每年1%。

当然，GDP增长可以粗略地衡量人类幸福的实际改善程度。我在瑞士达沃斯跟麻省理工学院管理学院教授安德鲁·麦卡菲（Andrew McAfee）进行了一场专题研讨会。他指出，有很多通过技术手段给人类生活带来的改善，都是生产力数据无法衡量的——从医疗方式的改进到维基百科这种随时随地为数以百万计的人提供信息的工具。换个角度想想。你愿意在今天拥有10万美元，还是希望成为1920年的百万富翁？很多人都想成为20世纪的百万富翁，但如果是这样，你即使有钱也买不到青霉菌这种救命药，无法给远在他乡的家人打电话，无法享受很多现代人眼中理所当然的创新红利。

因此，除了这个被称为GDP的衡量标准外，我们实际上还肩负着继续创新的道义责任，要通过技术来解决重大问题——成为向善的力量，成为经济增长的工具。我们如何利用技术来应对社会面对的最大挑战——气候、癌症，以及如何为人们提供有用、高效、有意义的工作，取代那些因为自动化而消失的工作？

就在国情咨文发表的前一个星期，在跟中东、迪拜、开罗和伊斯坦布尔的客户和合作伙伴共同举行的会议上，各国元首向我提出了跟奥巴马总统相似的问题和想法。这些领导人都想知道，如何利用最新的科技浪潮来增加就业机会和经济机会。这也是我在各地出差期间从各个城市、各州以及国家领导人那里最常听到的问题。

我的回应中有一部分是敦促政策制定者以更广阔的思维来看待技术在经济发展中的作用。他们常常过分执着于吸引硅谷公司，希望这些公司能在当地开设办事处。他们渴望“硅谷卫星”分部。但实际上，他们应该制订计划，为当地企业家提供最好的技术，这样就能依靠自己的能力在国内增加更多的就业——不仅是在高科技行业，还涉及每一个经济领域。他们需要制定合适的经济战略，充分而迅速地接受支持性的前沿技术，以此增强他们的区域在特定行业中享有的天然优势。但通常还要面临一个更大的问题——他们对于投资最新技术没有把握，比如云计算。领导者之间最大的差异在于他们究竟是害怕新技术还是拥抱新技术。这种差异会决定一个国家的经济发展轨迹。

先来回顾一下历史。在19世纪的工业革命时期，许多重大技术最初都是在英国发展起来的。这自然会在经济霸权的争夺中赋予英国巨大优势，但其他国家的命运很大程度上取决于他们对英国开创的技术突破做何反应。比利时利用了英国的重要创新，还投资建设了铁路等基础设施，并且创造有利于商业发展的监管环境，从而极大地提高了工业产值，甚至达到了足以匹敌英国的水平。得益于这些政策，比利时成为煤炭、金属和纺织工业的领导者。相比之下，西班牙的工业生产率明显落后于欧洲其他国家，原因在于西班牙采纳外部创新的速度太慢，而且奉行保护主义政策，降低了该国的全球竞争力。

近期也可以看到同样的情况。非洲国家马拉维曾经是世界上最贫穷的国家之一。但在过去10年里，手机在马拉维的迅速普及对它的发展产生了巨大而积极的影响。虽然固定电话基础设施的匮乏是马拉维的不利因素，但该国却在 2006 年直接跨越到智能手机时代，制定了一项国家 ICT① 发展政策，鼓励对移动基础设施展开投资，而且取消了手机进口关税等诸多限制。因此，手机普及率大幅上升，这反过来又促进了当地移动支付业务的增长。由于马拉维有 80% 的人口没有银行账户，使得这种支付手段变得更加重要。如今，移动支付在马拉维手机用户中的普及率甚至超过许多发达国家。

同样，卢旺达的“愿景 2020”倡议通过发展移动网络和云计算帮助该国改善了经济和教育体系。像 TextIt 这样的初创公司为这个陷入困境的国家带来了新的增长希望，该公司能让世界各地的公司通过基于云端的短信和语音应用与客户展开互动。

技术的扩散和传播及其对经济成果的影响始终令我痴迷。我们怎样才能让技术向所有人开放？怎样才能确保它能造福所有人呢？

在寻求答案的过程中，我邀请了达特茅斯学院经济学家迭戈 · 科明（Diego Comin）来到我在华盛顿州雷德蒙德的办

① ICT 是 Information and Communication Technology 的首字母缩写，即信息和通信技术。——编者注

公室谈了一个下午。科明教授说话轻声细语，斟词酌句，他凭借自己在知识上的精确性和透彻性来说服别人。他煞费苦心地研究了过去两个世纪世界各国的技术扩散过程。科明和经济学家巴特·霍比金（Bart Hobijn）花了好几年时间制作了“科技跨国普及史”（CHAT）数据集，研究了161个国家采用从蒸汽机到个人计算机等104项技术的时间框架。结果发现，各国平均在一项新技术发明后45年才会采用这种技术，尽管这种滞后幅度近年来有所缩短。

根据这项分析，科明认为富国和穷国之间的差异很大程度上源自他们采用工业技术的速度。但他表示，使用新技术时的强度同样很重要。即便有的国家采用新技术时有些缓慢，但最终仍有可能迎头赶上，真正创造经济机会的是它们使用技术的强度——而不是单纯获得这种技术。这些国家究竟是将技术束之高阁，还是对劳动力展开有针对性的培训，让他们创造最大的生产率？这就是强度。“问题不只是技术何时到来，还在于使用技术的强度。”科明教授告诉我。

世界银行的戴维·麦肯齐（David McKenzie）从另一个角度阐述了这种观点。他发现，“对于那些能对商业实践产生更大影响的项目，应该加大培训力度”。在发展中国家，员工不到10人的小公司在数量上超过大型企业，当他们知道如何更好地管理库存、保留记录和制订规划时，便可大幅提升其生存和成长的概率，因为这些技术有可能减少因为使用不正确的零件或产品而造成的损坏或停机。这同样事关使用强度。

我去中东的时候还参观了埃及开罗的纳赛尔城区。在那里，我遇到了整整一屋子阳光、乐观的年轻女性，她们毕业于埃及各大高校。我是在一个培训中心跟她们见面的，我们公司以及联合国和妇女商业发展中心（Women's Business Development Center）等合作伙伴为这个中心提供了支持。它位于机场附近，那个区汇集了很多跨国公司的办事处。这也是我们的"青年星火计划"（Youth Spark）项目的一部分，该项目已经帮助3亿多年轻人深入学习了计算机科学和创业培训课程。

这些年轻女性向我介绍了她们的一些项目。自从2013年以来，已经有11.5万饱受战争蹂躏的叙利亚难民涌入埃及，其中一个团队希望为他们中的一些人提供帮助。她们开发了一款能在难民们到达埃及后为其提供帮助的应用。但真正让我着迷的是另一个团队的项目。这个团队开发了一种体验，通过数字化方式改变了药店和病人之间的关系，让病人可以更加方便快捷地了解距离最近的哪一家药店有其需要的药品或补给。当天早些时候，我遇到了一位埃及企业家，他开发了一款类似的应用，可以帮助人们找到合适的医生。这些想法让我想起了总部位于纽约的 Zocdoc 公司，这家公司也提供相似的医疗服务。Zocdoc 是美国著名的独角兽公司——所谓独角兽，指的是估值达到或超过 10 亿美元的非上市科技初创公司。我目睹了技术扩散的速度有多快。埃及的企业家们正在创造他们自己的独角兽，尽管他们并没有美国初创公司那么高的估值。他们之所以能够做到这一点，核心原因在于，他们可以在不投入大量资本的情况下获取这些创新赖以维持的云计算技术。

遗憾的是，在许多发展水平欠佳的地方，公众和个体的注意力都集中在吸引硅谷公司，而不是培育当地的科技企业家。发展中国家的成功企业家经常告诉我，他们甚至不能与他们的总统或总理会面。然而，这些国家的领导人却经常会见像我这样的西方企业首席执行官，寻求短期的外商直接投资。

这种政策很短视，对那些试图为地方和国家经济培育长期发展前景的商界领袖来说，这着实令人沮丧。然而，在中东、亚洲、非洲、拉丁美洲，甚至在美国这样的二十国集团（G20）成员国，我都看到了这样的心态。由于政府未能鼓励社会各界迅速而密集地使用新技术，导致富国与穷国之间的经济不平等趋势有增无减。

为了衡量我们的世界究竟有多么平等或者多么不平等，经济学家们使用了意大利经济学家科拉多·基尼（Corrado Gini）的一项研究成果。他在1912年发表了一个公式，可以用于计算如今被人称作“基尼系数”的指标，用于衡量一个社会的收入分配状况与绝对平等的收入分配状况之间存在多大差距。计算方法很简单。在特定人群中，如果100%的人都能每天赚1美元，那就是绝对平等。如果100%的人年收入达到100万美元，那也是绝对平等。但如果只有1%的人赚到100万美元，而其他人赚不到钱，那就接近绝对不平等。基尼的研究提供了一种方法，让我们可以衡量一个特定社会的收入分配接近或偏离绝对平等的程度。

特定人群的基尼系数通常表示为分数。绝对平等表示为0，绝对不平等表示为1。在现实世界中，任何一个国家或地区的基尼系数都以这两个极端值之间的分数来表达。德国等欧洲发达国家的基尼系数几十年来一直徘徊在0.3左右。而美国的基尼系数已经上升了好几年，现在与中国和墨西哥差不多，都超过了0.4。

当然，大多数经济学家都认为，绝对的收入平等既不可能也不可取。资本主义经济体奖励创新、冒险和努力工作这样的品质，这些品质可以产生价值，创造财富，而且通常会给整个社会中的许多人带来利益。当展现出这些品质的人获得奖励时，收入分配不均就成为必然结果。

贝恩资本（Bain Capital）创始合伙人爱德华·康纳德（Edward Conard）在《不平等的好处》（*The Upside of Inequality*）一书中对此展开了进一步论述。康纳德的结论是，不平等最终会给每个人都带来更快的增长和更大的繁荣。投资者在等待好的想法，这也就导致他们自己对受过适当训练的人才产生了需求，希望通过这些人才把想法成功商业化。他认为增长面临两个制约因素：一个是经济体承受风险的能力和意愿，另一个是寻找经过适当训练而且有积极性的人才。

但是，过度的不平等也会引发负面效果，导致很多人的积极性降低。当人们干得更多却赚得更少时，会发生什么情况？这会令人沮丧，导致许多人不再那么努力，放弃创办或扩大企业的梦想，甚至完全离开劳动力市场。这还会削弱经济的整体活力。对像我们这样的企业来说，这意味着我们的全球客户在能够提高其生产率的新兴技术上投入的花费有所减少。这就是当今的现状。在基尼系数45度的完美角度下有一条下垂的线，代表着日益严重的不平等状况。我希望避开马克思所说的“晚期资本主义”的陷阱——在这个理论时期，经济增长和利润都会衰竭——回到早期资本主义所享受的丰厚回报。但如何才能做到？多数国家的首脑也在努力解决这个问题。

在计算机科学和工程中，我们在探寻一个所谓的“全局最大值”（global maxima）。这是一个数学词汇，描述的是最优化状态——函数最高点。就技术而言，我认为全世界所有地区——一个国家、一个县或者一个社区——的全局最大值就是引入最新的世界级技术，促进所在国家或地区的创业者进行创新和成长，在这个社区的各领域、各部门深度推动这些创新技术的出口和在本地的消费。换句话说，应该聚焦在增加价值和扩大技术的使用范围上，从而为越来越多的公民创造红利和机会。这意味着，无论是发达国家还是发展中国家，每个地区都必须利用新的技术投入来发展具有比较经济优势的行业。商业领袖和政策制定者应该提出这样的问题：我们有什么其他人没有的东西？我们如何才能将这种独特的优势转化为增长来源和所有人的财富？

中国显然在这方面采取了具有前瞻性的产业政策，在制造业和消费互联网服务领域支持他们的企业家和经济发展。中国的战略是利用全球供应链和国内市场扩大他们的比较优势，引导经济增长。看到中国取得成功后，其他许多国家都希望效仿他们这种将工业政策、公共部门投资和创业活力相结合的方式。我在印度看到了这种情况，他们成立了名为 IndiaStack 的全新数字生态系统。印度正在经历跨越式发展，从一个基础设施落后的国家成为数字技术的领导者。IndiaStack 引导所有公民进入一个可远程交易的、无现金的、无纸化的经济。

前往班加罗尔时，我跟南丹·尼勒卡尼（Nandan Nilekani）聊到了 IndiaStack 及其未来的路线图。尼勒卡尼是印孚瑟斯（Infosys）的传奇创始人，他后来又创立了一家新的初创公司，与印度政府合作开发了生物识别身份证系统 Aadhaar，此亦是 IndiaStack 的核心识别系统。Aadhaar 现在已经覆盖了 10 亿多人，足以匹敌 Windows、安卓或脸谱网等其他平台式创新的增长速度。

医疗保健平台 Practo 收购的 Enlightiks 是印度领先的电子医疗初创公司。我也是在那次前往班加罗尔的时候见到了 Enlightiks 的创始人。他们正在使用微软最新的云计算技术和人工智能来创建一个最先进的医疗诊断服务。比如，因为可以从患者的个人设备直接把丰富的数据传送到云端，他们得以在心房颤动发生前检测到这种问题。这种云服务也可以在印度的小城镇或农村地区的医院使用。Enlightiks 还计划利用 IndiaStack 验证用户身份，接受支付，创建电子医疗档案等。印度的这项创新现在希望向美国、非洲和其他地方扩张。

这种活力并非中国或印度独有。我在智利、印度尼西亚、波兰以及法国、德国和日本都看到过这种情况。回顾我早些时候对埃及的访问，他们很明显也在投资人力资本。埃及在科学、数学和技术领域拥有古老的传统，那里的大学培养的医生活跃在整个阿拉伯世界。因此，医疗保健是埃及的一项比较优势。我遇到的那些为寻找医生和药店而开发应用的年轻企业家，正在利用有价值的协同效应来创建一套强大的生态系统，这在一定程度上体现了现代科技的神奇之处。他们现在需要价格实惠的强大云计算服务，而微软或其他大型云提供商都可以提供这样的服务。合适的政策框架可以帮助他们实现想法。

遗憾的是，许多政府都拒绝接受云计算这样的新技术，即便这些技术已经在世界其他地区开始规模化发展。在某些情况下，它们会努力追求那些事与愿违的科技战略。比如，政府领导人有时会以安全、隐私、复杂、控制和延迟（推迟处理）为理由来构建自己的私有云，而不采用因为在许多国家都有需求而价格实惠的现成技术。

在重新感悟了这些问题及其产生的严重的经济后果后，我带着重新焕发的活力和责任感结束了中东之旅。我下了飞机，走进办公室，召集我们的团队思考一系列的建议和政策框架，以此帮助发达国家和发展中国家的政府减少采纳和使用技术时所面临的障碍。

回到我在本章开头提出的问题。我们是否在增长？是否在均衡增长？科技的作用是什么？当然没有什么灵丹妙药，但当我思考所有的证据并反思我自己的经历时，便会不断回到这个简单的等式：

$$\Sigma(\text{教育}+\text{创新})\times\text{科技使用强度}=\text{经济增长}$$

教育加创新，广泛应用于整个经济，尤其是那些具备比较优势的国家或地区，再乘以科技使用强度，久而久之，就会产生经济增长和生产力。

在数字时代，作为一种普遍的投入，软件可以大量生产，还能应用于公共部门和私营部门，以及从农业到医疗保健再到制造业的各行各业。无论在底特律、埃及还是印尼，这种新的投入都需要转化为当地的经济盈余。突破性技术，再加上受过训练、能够高效使用它们的劳动力，乘以它们的使用强度，便会形成经济增长和机会。为了实现这一目标，领导者需要通过几种主要的方式来重视企业家精神。

首先是要为所有公民提供广泛的上网和云计算服务。当今的普及率差异极大。韩国、卡塔尔和沙特阿拉伯的互联网普及率接近 100%，但在一些撒哈拉以南非洲国家，互联网普及率却低于 2%。如果我们不采取具体措施来普及上网服务，到 2020 年，世界上最贫穷的国家只有 16% 的人口能够上网，全球网民比例也只有 53%。按照这个速度，低收入国家要到 2042 年才能普及互联网。如果不能上网，也就无法使用云计算。

为了扩大互联网接入范围，各国可能会出台政策，共享电视空白频段等尚未充分利用的频谱，这种方法目前正在一些发展中国家成功使用。此外，政府也应该减少针对外商在电信、移动和宽带基础设施方面的直接投资的限制，同时改革其他阻止企业家进入这一市场的投资政策。需要通过政策来鼓励公私合作，并认识到组建资助机构的必要性，为扩建互联网基础设施提供资金来源。

从国家到社区，各级领导人在采用能够提高生产率的新技术时，不仅应该快速反应，而且应该加大力度。正如科明教授告诉我的那样，你不必发明轮子，但应该迅速采用这种技术，因为“能快速使用新工具的社会更有可能提高生产力”。

另一个重要领域是培育人力资本和发展下一代技能。构建知识让劳动者能够跟上不断加快的科技发展步伐。由于数字革命让很多以前由人处理的任务实现了自动化，因此员工需要掌握一些管理新型自动化工具的技能。就像挥舞铁铲的工人让位于会开推土机的工人一样，现在的社会需要人们有能力管理一队队的自动推土机、无人驾驶汽车和无人机。

有鉴于此，政府必须对所有的国民表现出同理心，还要努力创造一个更加倚重知识的经济。通往新技术的道路需要对技能发展进行平行投资——确保人们具备必要技能来参与日益数字化的社会，这是一个依赖智能设备和在线服务的社会。在学校里，这就需要推广数字教育，确保教师和学生能够以低成本接触技术和学习工具。在职场中，我们需要投入终身学习，关注那些促进云计算技能的项目和投资，以及更适应数字时代的劳动力。像微软这样的公司已经扩大了他们的教育能力，并建立了促进这种技能发展的项目，特别是在中小型企业。

要为新技术找到新用途就必须具备知识，而知识是通过训练和经验积累起来的。每个国家各有不同，但德国提供了一个很好的范例来证明如何才能有效利用新技术。德国和美国都在研发上投入了大量资金，但德国的生产率增速却更高。原因何在？一种解释是德国拥有学徒制职业培训体系，这套系统通过与行业关系密切的职业学校让劳动力快速掌握尖端技术。我相信，解决经济冲击的唯一办法，就是确保我们不仅要为走出大学和其他高等教育项目的人提供技能培训，还要为那些正在因为自动化失去工作的人提供培训。从 GDP 中拿出一定比例来提升科技能力的国家将会看到回报。

政策改革还必须创造一个监管环境，促使人们以新颖且自信的方式采纳和使用技术。虽然数据隐私和安全一直都是主要担忧，但也需要与数据自由流动的需求保持平衡，让数据可以在国界之间，在现代全球化数字经济中的各种服务之间自由流动。政府一直大力提倡数字安全，希望保护社区免受伤害。然而，我们的经验是，需要改革这一领域的公共政策和监管规定，确保正确的平衡得以达成。这绝非易事，但微软和我们行业的其他领导者拥有丰富的经验帮助政府完成监管框架的现代化改造，从而实现这种平衡，并促进公共安全和国家安全，而不必放弃这些数字服务为公共和私营部门以及数以百万的公民带来的利益。

此外，所有政府都有机会成为拥抱技术，以此为公民提供服务、提高公共部门生产率、充分利用自身比较优势的典范。公共部门领导层也应该展现本地创业者精神和前沿技术，包括在适当的时候给予财政奖励。

当领导人问自己“我们在哪里可以成为世界一流”时，答案可能令人意外——澳大利亚的沙漠农场或迪拜的地方银行。其他一些国家或社区可能在努力成为以下领域的全球创新领导者，包括物联网、情境智能、移动支付系统、虚拟现实、硅光子学、3D 打印、可穿戴设备、轻量化技术、低空卫星、无人机、原生广告、无人驾驶汽车、机器人和工业自动化、自适应、娱乐化教育、纳米机器、基因组学，或者太阳能、风能和潮汐能。每一个领域都代表着一个尚未被单一社区或地区抓住的领导机会。以西雅图为例，作为亚马逊和微软的总部所在地，那里已经成为卓越的云计算中心。

在这种背景下，经济学家保罗·罗默（Paul Romer）提出的特许城市或初创城市便成为一个颇为鼓舞人心的概念。罗默认为，规则和法律是很难改变的，需要做出让步才能获得通过，而且并没有为刺激创新和创造经济增长而进行优化。另一方面，特许城市则是一种为了创造就业和增长而设计的改革实验区。公民可以自愿选择加入。有些人已经准备好，有些还没有。他以中国香港和深圳为例进行说明。香港属于中国，却被英国作为殖民地管治了很多年，成为经济引擎，吸引和培训了大批工人。邓小平认为，中国需要扩大开放才能增长，他在香港附近的深圳建立了一个特区，以此利用香港的人才库和基础设施。与中国其他地方不同，深圳的政策对外商投资和国际贸易颇具吸引力。他知道，许多企业家和工人将会抓住这个机会。在1980年被划定为经济特区后，深圳从一个只有3万人口的小镇发展成为拥有1100万居民的全球金融中心之一。

我们还需要继续促进自由公平的贸易。如果我们希望看到增长，并看到更广泛的增长，那就要为企业家打开更多市场，清除贸易壁垒，这是至关重要的一步。遗憾的是，近年来，左翼和右翼的民粹主义政客都在竞选中承诺要推翻自由贸易协定。

在激烈的2016年总统大选中，俄亥俄州州长约翰·卡西奇（John Kasich）为《华尔街日报》撰文称，反对贸易就是反对经济增长。他指出，当时还在等待华盛顿批准的《跨太平洋伙伴关系协定》（TPP）是一项重要的贸易协定，这是为了帮助大小各异的公司在日本、澳大利亚、加拿大、智利和其他想要扩大对美贸易的环太平洋国家实现增长。世界需要在贸易自由化方面继续取得进展。卡西奇指出，美国有

4000 万就业岗位依赖贸易，但我们的贸易法也需要与时俱进。在当今的数字经济中，跨境传输的数据对贸易的重要性不亚于汽车、农产品和其他的贸易品。我们需要在经营过程中跨国传输数据，而不必为此在每个地方都设立计算设施，同时还要保护隐私、源代码和其他形式的知识产权。

2016 年的大选让人们重新注意到贸易协定的挑战和好处。尽管存在很多噪声，所有的候选人都说自己觉得贸易是件好事，但每个人的观点不尽相同。右翼的特朗普和左翼的桑德斯（Sanders）都把大量失业当作一个重要问题。而希拉里则强调应该加强执法。商界领导者认为，贸易协定能够导致就业机会净增长，但我认同的一种观点是：应该更加均衡地分配这些利益。有些人抱怨贸易协定对环境有害，但 TPP 的支持者指出，它是第一个包含了强制性环保条款的多边贸易协定。

诚然，在第二次世界大战结束时通过“布雷顿森林体系”建立的国际经济关系基本规则框架提供了很好的基础——尽管并不完美。通过自由贸易协定网络，该框架进一步形成了与志趣相投的国家加强合作的基本原则。然而，只有以追求增长的经济政策为广泛背景，贸易协定才能继续取得成功。

最后，有人问，下一次工业革命是否会成为一场失业革命。为了帮助我们研究这个问题，麻省理工学院经济学家达龙·阿西莫格鲁（Daron Acemoglu）访问了我们的园区，针对科技自动化对劳动力的影响做了一场报告。他发现，新的智能机器，尤其是工业机器人，可能对劳动力市场产生非常重要的影响。他的估计表明，平均而言，每增加 1 台工业机器人，就能减少大约 3 名工人。这表明，如果没有任何补偿，工业机器人的普及可能会对就业和工资产生非常不利的影响。然而，阿西莫格鲁认为，这场冲击引发的其他重大变化至少能在一定程度上抵消这些后果。随着机器在某些任务中取代人力，企业将有动力创造出人类更擅长的新任务。阿西莫格鲁这样总结道："尽管自动化倾向于减少就业以及人力在国民收入中的比重，但创造更复杂的任务却有相反的效果。"历史上，新一代的工人和更加复杂的新任务都源自尖端科技。阿西莫格鲁接着说："创造复杂的新任务总能增加工资、就业和劳动力比重。"但是，在自动化创造新的劳动密集型任务之前，技术变革将率先拉低就业。我们需要一条均衡的增长道路。我们需要为这个人工智能和自动化时代发明一种新的社会契约，促进个体劳动力——他的技能、工资、使命感和满足感——与资本回报之间的平衡。

肯特国际公司（Kent International）就是这样一个例子。

作为“美国自行车公司”的制造商，该公司在2017年早些时候引发了媒体关注，原因是他们将140个工作岗位从中国转移回南卡罗来纳州的曼宁。该公司在那里投资了机器人技术，把很多原本由人类负责的任务交给自动化系统来完成。曾经科技含量较低的劳动密集型企业也在经历自己的数字化转型和计划。该公司首席执行官阿诺德·卡姆勒（Arnold Kamler）告诉我，他计划每年增加40个工作岗位，对于这个小镇来说算得上是相当可观的增长。事实上，这座工厂曾经引发很多州的争夺。“很多人都有这样的误解，认为自动化会减少就业。”该公司的一名生产经理说，“其实只是换了一种工作，一种技能水平更高的工作。”没有机器人，人类的工作也无法存在。

我对我们收购领英这家以人才和就业为导向的社交网络服务商感到非常兴奋，原因之一在于，在谈判初期，我就发现双方有着共同的使命。在与领英的创始人里德·霍夫曼（Reid Hoffman）和首席执行官杰夫·韦纳的谈话中，我发现我们都希望利用自己的数字平台更公平地为每个人传播机会。事实上，《纽约客》杂志在一篇关于领英的文章中提到，他们的愿景就是通过提高效率和开放程度，为全球30亿劳动力创造更好的劳动市场。

更加自由平等的经济环境不会自动实现。霍夫曼在他的《至关重要的关系》（*The Start-up of You*）一书中提到，正是竞争和变革的力量导致了底特律这个经济引擎的熄火："无论你住在哪个城市，无论你从事什么行业，无论你从事什么工作。具体到你的职业，你现在或许都走上了与底特律相同的道路。"我们希望通过领英建立一个联盟网络，尽我们所能提供关于机会、培训资源和集体行为的洞察，为个人创造经济机会。通过这种方式，我们希望确保其他城市今后不会遭遇像底特律一样的命运。事实上，就像底特律所做的那样，其他城市也可以在未来几十年里，将自己成功地改造成繁荣的创业和就业中心。

我确实怀有偏见，但我并不觉得有何不妥。我更喜欢投资推动领英和Office这样的技术进步，这可以帮助人们展开创作、相互联系，还能提高人们的生产率，我不喜欢投资那些单纯以娱乐为目的的软件——它们带有炫耀性消费的特质。对于那些无法促进更加公平的消费/创造比值的技术而言，经济的溢出效应是相当有限的。尽管如此，华尔街最近还是给予这些消费型技术很高的估值。

罗伯特·戈登（Robert Gordon）最近发表的经济论文《美国成长的崛起与衰落》（*Rise and Fall of American Growth*）

表达了一个核心论点：一些发明比其他发明更重要。我同意这个观点，我认为当今的生产力软件就属于这一类。戈登研究了美国1870年到1940年的经济增长，描述了一个世纪的经济革命，它让家庭摆脱了体力劳动、家务、黑暗、孤独和早逝给人们带来的日复一日的折磨。这是人类历史上独一无二、不可重复的变革，因为它所实现的许多成就只会发生一次。回顾美国宏大的经济史，戈登总结道，创新是这种剧烈变化的终极源泉。“企业家对经济增长的贡献远非狭义的‘创新’所能概括。”他写道。他还指出，从推动经济增长的角度来看，教育是创新的近亲。

《连线》杂志联合创始编辑约翰·巴塔勒（John Batelle）曾写道：“从给世界创造变化的角度来看，商业是人类最具弹性、最具重复性、最为有效的机制。”他说的没错，我们这些商业领导者应该认真对待我们作为变革领导者的责任。我这么说并不是为了所谓的企业社会责任，虽然这很重要，但也有可能局限于公关辞令。我这么说是因为一个更加美好的世界也更有利于企业发展。开发伟大的产品，为客户服务，为我们的投资者赚取利润，这些都非常重要，但只是这样还不够，我们还需要考虑自己的行为对整个世界和未来的人们产生的影响。

HIT REFRESH

后　记

“我为什么存在？”

“我们的机构为什么存在？”

“跨国公司在这个世界上的角色是什么？”

“数字技术领导者的角色是什么，特别是在当今世界把科技作为推动增长的一个关键因素的时候？”

这些问题困扰着我，促使我写下了这本书。为了寻找答案，我走上了一条求知和内省之路，想要找到我对社会可以有怎样的独特贡献，以及如何重新发现微软的灵魂，界定我们作为一个全球性公司的角色。它们引导我每天把同理心和伟大创意结合起来，以便真正有所建树。希望我在这条道路上经历的事情和教训，可以对你的生活和工作有一些帮助。

我也希望这些重要的问题可以引发政策制定者、商业领袖和技术专家的对话。在当今世界，人们的意见经常出现严重分歧，而更加巨大的技术、经济、人口甚至气候变化正在临近，所以我们必须重新界定跨国公司的作用和领导力的作用。从自动化、贸易到经济机会、公平和信任这样的领域，美国和欧洲的反全球化运动，比如“英国脱欧”和民粹主义政治运动，已经引发了一些重大问题和关切。

经济学家理查德·鲍德温（Richard Baldwin）是《大融合》（*The Great Convergence*）一书的作者，他写道，如今最富庶的国家中有一种反全球化情绪，其根源是它们在全球总收入中所占的份额从 1990 年的 70% 急剧下降到这 20 年来的 46%。换句话说，像美国、法国、德国和英国这样的富裕国家在全球总收入中所占份额大幅下降。低收入和信息技术相结合，大大降低了创意传播的成本，这意味着中国和印度这样的国家在全球总收入中所占的份额已经大大增加，而富裕国家的占比回落到 1914 年的水平，因此在一些地方引发了反全球化的情绪。鲍德温预测，当远程呈现和远程遥感机器人（如 HoloLens）的价格变得亲民的时候——有了它们，员工就无须出国去提供服务了——我们将迎来全球化的第三波浪潮。

就在本书即将付印的时候，诺贝尔经济学奖得主安格斯·迪顿（Angus Deaton）和他妻子、普林斯顿大学杰出的经济学家安妮·凯斯（Anne Case）发表了一篇文章，称那些没有大学学位、在生活中常常处于劣势的美国白人，在死亡率、健康和经济福利上可能也遭受了不利影响。事实上，两人的研究发现，中年白人的死亡率和发病率增加用教育背景而不是经济状况来解释更加行得通。这种状况，以及鲍德温的调查结果，至少是在部分上推动了如今的反全球化情绪，所以现在是时候对我们的公共教育和公共卫生问题进行反思了。

当然，目标是为所有人做大蛋糕。通用电气的杰夫·伊梅尔特（Jeff Immelt）2016 年在纽约大学斯特恩商学院的一个演讲中，提到了当今跨国公司的作用。他回顾了在自己 30 年的职业生涯中跨国公司扮演的角色。在这段时期，全球极贫人口减少了一半，技术创新大大改善了医疗卫生条件，降低了能源成本，并且以前所未有的方式把人们连接起来。然而到了今天，伊梅尔特指出，大公司（和政府一起）被视为失败者，无法应对当今世界的挑战。作为对此的回应，伊梅尔特宣布，通用电气打算转型。由于更加平等的局面对企业和社会都更有好处，通用电气计划采用一个旨在帮助全球平等竞争的政策。通用电气将趋向于本地化，也就是说，它将在公司的全球业务中增大当地的权限，为更多的本地决策提供空间。

我赞同这个做法。微软一半以上的收入来自美国以外的地方。除非我们优先考虑在每个国家和地区创造更多的本土经济机会，否则我们是无法在 190 个国家和地区有效开展业务的。我们投资了逾 150 亿美元，在全球各地创建了 30 个最先进的区域数据中心，旨在为北美、南美、亚洲、非洲和欧洲的本地企业家和公共部门提供服务。在其中的每一个地区，我们都要采取负责任的行动。真正的商业成功，以及通常所说的资本主义，不能仅仅是为自己的核心支持者创造利益，还要创造更广泛的利益，造福于更广阔的社区。

我看待这件事的方法是，跨国公司不能再延续现在那种形象了——无情、冷血的实体，进军一个国家或地区，只为当地人提供一些租金。跨国公司的工作比以往任何时候都更加重要。它需要在世界各地运营，以积极的方式为当地社区做出贡献，激发增长，提高竞争力，给所有人带来机会。我们如何帮助本地的合作伙伴和初创公司成长呢？我们如何帮助公共部门变得更有效率呢？我们如何帮助社区解决它们最紧迫的问题，比如教育和健康？每个国家自然会首先考虑自己的国家利益。在美国是美国优先，在印度是印度优先，在英国是英国优先。一家全球性公司的优先事项，应该是在每一个国家开展业务时，以长期、可持续的方式为当地创造机会。

我们都必须这样做，同时坚守我们永恒的价值观。微软是一家诞生在美国的公司，公司的发展历程塑造了我们的价值观。我们相信美国梦：一方面是作为微软员工来实现它，另一方面也是帮助其他人来实现它。我们坚守的是一套持久的价值观——隐私、安全、言论自由、机会、多元化和包容性。我们以此为根基，当我们在美国和其他地方遇到挑战时，也会同样坚守这套价值观。

当下一波技术站稳脚跟的时候，跨国科技公司创造经济机会的空间会变得更大。即将到来的产业革命会让计算和环境智能变得无处不在，它受到软件的推动，和以前的几次革命相比，它对经济的影响将会更加深刻。这就是我制定了一套设计原则，来引导我们（包括微软和其他公司）创造下一波技术的原因。我鼓励反馈、辩论，以及最终致力于构建一套有助于推动社会进步的伦理。

之前的全球经济增速大约是4%，现在大约是2%，所以我们需要有一些新的科技突破，才能让增速回到20世纪的水平。混合现实、人工智能和量子计算将成为创造新的经济盈余的突破点，但同时它们也会冲击劳动力队伍，让一些我们今天认为理所当然的工作岗位消失无踪。有人认为机器人将会接管所有工作，但是这种所谓的“劳动合成”观点，即工作岗位的数量是有限的，历来都被证明是不正确的。社会需要的只是不同类型的劳动力。人类可以提供机器无法实现的价值。当人工智能越来越多的时候，真正的智能、真正的同理心和真实的常识将会是稀缺品。新的工作岗位不仅需要员工懂得如何操作机器，也是以独特的人类秉性为基础的。

面对这些未来的转变，我们必须有一个新的社会契约，来帮助我们在更公平的基础上实现经济盈余，创造机会。为了做到这一点，要进行怎样的新型劳工运动呢？人们已经在讨论“普遍基本收入”这个问题了。我们如何让员工获得新的技能，如何重新培训他们——不仅是高端知识型员工，也包括中低技能工人？对于那些失去工作的传统制造业或农业工人来说，服务业以及那些与人接触的岗位是否会成为他们新的工作来源？

最后，作为领导者，我们的作用是什么呢？终究来说，评估任何一家公司的领导者依据都是其发展业务的能力，以及为客户喜欢的创新产品开辟道路的能力。作为首席执行官，我们要为股东提供最好的回报率。但我也认为，一个公司的规模越大，公司领导者在考虑世界、公民和长期机会方面的责任也就越大。如果你不考虑世界各地日益严重的不公平现象，不尽力帮助改善每个人的状况，那么你也不会有太多稳定的业务。

我们通过聚焦在多个战略和支持团体上来实现这一目标，利用我们的核心业务来发挥积极的社会影响力，提高个人生产力，我们通过在可持续发展性、可访问性、隐私和安全上投资以及慈善事业来确保我们负起了社会责任。微软的慈善机构是世界上最大的企业慈善组织，每年为各种各样的慈善项目提供逾10亿美元的捐款，这些项目包括传授编码和计算机科学等数字技能，提供经济实惠的互联网接入方案和人道主义援助。我们提出了“云惠天下”（A Cloud for Global Good）的愿景，倡导为所有人提供经济机会的目标，并推进和这个目标有关的政策。事实上，本书的所有收益都会投入这些事业中。

我在本书中写道，首席执行官即CEO中的“C”意味着担当文化的监护人。毕竟，这件事需要归结到人的身上。它是数以千计的人每天做出的100万个决定的总和，其宗旨是帮助员工在微软实现自己的个人使命。不再是微软雇用员工，而是人在雇用微软。当我们将十几万人的心态从员工转变为雇主时，可以产生什么样的效果呢？我们的全部目的就是造出可以帮助别人做事情的东西。在世界各地无数企业和组织中，我们的服务是不可替代的工具。微软公司里的任何人都可以看到我们的资产组合，可以想象它可能会对世界任何地方的任何问题带来的任何影响。我们提供了资源，无数人可以用它来创办一个比自身更长久的事业，无论创办的是小企业、学校、诊所，还是为数百万人提供就业岗位和机会的巨型企业。

这种文化需要成为一个缩影，成为我们希望在微软之外创建的那个世界的缩影。开发者、制造商和创作者可以在这个世界里获得非凡的成就。但同样重要的是，每个人都可以成为最好的自己，在这个世界中，肤色、性别、宗教、性取向的多元化会获得理解和支持。当我听到同事表达一种只可能源自同理心的见解时，或者是当某个人把微软当作个人激情和创造力的平台而取得了产品上的突破时，我知道我们正在正确的轨道上前进。

“刷新”是什么意思？我建议你自己来回答这个问题。请在你的组织中开启这场对话，或在你的社区中开启这场对话。请与我分享你学到的东西，我也会继续这样做。

致 谢

我经常说，最好的计算机代码行就像诗，诗人努力浓缩思想与情感，用尽可能少的行数来实现最充分的表达。虽然我在这里写下的并不是诗，但写作过程无疑是极其热切的，而最终看来，也是值得的。为此，我要感谢很多人。

正如我在献词页所写的，我特别感谢我的两个家庭。一个是安努和我们的三个孩子，以及我们在印度的父母。

另一个是我服务了 20 多年的微软大家庭。非常感谢比尔·盖茨、保罗·艾伦和史蒂夫·鲍尔默，他们一起为我们所有微软人创造了机遇，让我们去创新，去拓展，去服务全球的客户。在我的职业生涯中，我钦佩他们，亦向他们中的每一个人学习。在这个持续转型的时期，感谢作为我的搭档的高级管理团队，谨此向他们致以最诚挚的感谢和敬意：贾德森·阿尔托夫、克里斯·卡波塞拉、让－菲利普·库尔图瓦、科库尔·德尔贝恩、斯科特·格思里、凯瑟琳·霍根、埃米·胡德、拉杰什·杰哈、佩姬·约翰逊、特里·迈尔森、凯文·斯科特、沈向洋、布拉德·史密斯和杰夫·韦纳。我们的工作离不开微软每一位雇员和伙伴的创造力与才华。

感谢我们的董事会成员：约翰·汤普森、里德·霍夫曼、特里·L. 李斯特－斯托尔（Teri L. List-Stoll）、G. 梅森·默菲特（G. Mason Morfit）、查尔斯·H. 诺斯基（Charles H. Noski）、赫尔穆特·潘克（Helmut Panke）博士、桑德拉·E. 彼得森（Sandra E. Peterson）、查尔斯·W. 沙夫（Charles W. Scharf）、约翰·W. 斯坦顿（John W. Stanton）和帕德玛斯里·沃里尔（Padmasree Warrior）。

感谢经验丰富的出版界人士，从始至终为我们提供帮助。感谢卡尔·韦伯（Karl Weber）对本书初稿和成稿的贡献。感谢我的出版代理人吉姆·莱文（Jim Levine），感谢他在整个过程中给予的耐心指导。感谢我们的编辑和出版人、哈珀柯林斯（HarperCollins）出版集团的霍利斯·海姆鲍奇

（Hollis Heimbouch）；在我们还没有动笔甚至还没有理出头绪时，她就给予我们极大的鼓励，她就像带领我们走出黑暗丛林的光明使者。

感谢微软图书和档案团队的金伯利·恩格尔克斯（Kimberly Engelkes）、尼克尔·帕特里奇（Nicole Partridge）和艾米·斯蒂文森（Amy Stevenson），感谢她们在信息核实和注释方面提供的大力帮助。

非常感谢我优秀的工作团队及每位成员的日常支持，感谢詹森·格雷菲（Jason Graefe）、辛西娅·汤姆森（Cynthia Thomsen）、博妮塔·阿姆斯特朗（Bonita Armstrong）、凯特琳·麦凯布（Caitlin McCabe）、科莱特·斯塔尔鲍默（Colette Stallbaumer）、查德·德弗里斯（Chad DeVries）、梅根·格雷（Megan Gray）、杰夫·弗利（Jeff Furey）。

感谢我们的沟通与推广专家，感谢弗兰克·X. 肖、鲍勃·贝杰恩（Bob Bejan）、史蒂夫·克莱顿、道格·道森（Doug Dawson）和约翰·西罗尼（John Cirone），以及他们的团队。在初稿审读、与哈珀柯林斯工作衔接，以及本书的宣传方面，他们提供了宝贵的帮助。

特别感谢我们法务部门的马修·佩纳沙奇克（Matthew Penarczyk），以及众多为我们贡献创意和想法的人们：罗尔夫·哈姆斯（Rolf Harms）、乔恩·廷特（Jon Tinter）、马特·布蒂（Matt Booty）、亚历克斯·基普曼、R. 普雷斯顿·麦卡菲（R. Preston McAfee）、贾斯廷·拉奥（Justin Rao）、格伦·韦尔（Glen Weyl）、维克托·黑梅尔（Victor Heymeyer）、迈克·托尔弗森（Mike Tholfsen）、纳特·琼斯（Nate Jones）、图里·韦德斯特恩（Turi Widsteen）、奇纳尔·波普谢蒂（Chinar Bopshetty）、迈克尔·弗雷德曼（Michael Friedman）、克里斯塔·斯诺弗（Krysta Svore）、彼得·李（Peter Lee）、埃里克·霍维茨（Eric Horvitz）、凯特·克劳福德（Kate Crawford）、德纳·博伊德（Danah Boyd）、克里斯·毕晓普（Chris Bishop）、德弗·斯托尔科夫（Dev Stahlkopf）、约翰·希索夫（John Seethoff）、阿比盖尔·塞伦（Abigail Sellen）、赖安·卡罗（Ryan Calo）和普雷姆·帕拉杰拉伊（Prem Pahlajrai）。感谢体育记者、《维斯登印度年鉴》（Wisden India Almanack）编辑苏雷什·梅农（Suresh Menon）在本书第二章板球写作中提供的专业建议和有益指导。

感谢沃尔特·艾萨克森（Walter Isaacson）为我们前期写作提供的指导建议，当我们在阿斯彭思想节（Aspen Ideas Festival）上首次宣布要出版本书时，他还在现场对我进行了采访。感谢蒂娜·布朗（Tina Brown）和她的丈夫哈罗德·埃文斯（Harold Evans）在他们位于纽约的家中对安努和我的热情款待；在那里，我们就微软以及书中的一些想法与其他作家和思想家进行了讨论。在旧金山举办的创新性的“未来是什么”（What’s the Future）会议上，蒂姆·奥赖利（Tim O’Reilly）就相关话题对我进行了采访，感谢他；对于他即将出版的新书，我给予最好的祝愿。

最后，我要感谢我的两位合著者——格雷格·肖（Greg Shaw）和吉尔·特蕾西·尼科尔斯（Jill Tracie Nichols），感谢他们为该项目所做的贡献，感谢他们对我的鼓励和帮助以及他们的合作。

HIT REFRESH

关于作者

萨提亚·纳德拉是一位丈夫、父亲和微软的首席执行官，他也是该公司40年历史上的第三位首席执行官。

在21岁生日的时候，萨提亚从印度的海得拉巴来到美国，攻读计算机科学硕士学位。在美国“锈带”和硅谷短暂停留之后，他于1992年加入微软，在消费者和企业业务领域，先后领导了公司众多的产品开发和创新活动。萨提亚被广泛认为是一位充满激情的、以使命为导向的领导者，他不断拓展技术的边界，同时针对全球范围内的消费者和合作伙伴，开展创造性的甚或出人意料的交易。

对萨提亚来说，生活就是一个学习的旅程，要学会对他人抱以深深的同理心；而无论是在个人生活还是职业生涯中，他都是这么做的。同样，作为一名人文主义者、工程师和执行官，萨提亚将他的使命以及他所领导的公司的使命定义为“予力全球每一人、每一组织，成就不凡”。除担任微软职务之外，萨提亚还是弗雷德·哈钦森癌症研究中心（Fred Hutchinson Cancer Research Center）和星巴克（Starbucks）的董事会成员。萨提亚和他的妻子安努，对西雅图儿童医院以及西雅图地区专注服务残疾人群的组织提供个人资助。《刷新》一书的收益，萨提亚将全部捐赠给微软慈善基金会（Microsoft Philanthropies）。

HIT REFRESH

参考资料与延伸阅读

01 从海得拉巴到雷德蒙德

Cornet, Manu. "Organizational Charts." Bonkers World, June 27, 2011. Accessed December 8, 2016. http://www.bonkersworld.net/organizational-charts/.

Gordon, Robert J. *The Rise and Fall of American Growth: The U.S. Standard of Living since the Civil War*. Princeton, NJ: Princeton University Press, 2016.

Widmer, Ted. "The Immigration Dividend." *New York Times*, October 6, 2015.

02 领导力的刷新

A Cloud for Global Good. Case study. Redmond, WA: Microsoft, 2016. Accessed December 12, 2016. http://news.microsoft.com/cloudforgood/.

Guha, Ramachandra. *A Corner of a Foreign Field: The Indian History of a British Sport*. Basingstoke, UK: Pan Macmillan, 2003.

Eastaway, Robert. *Cricket Explained*. New York: St. Martin's Griffin, 1993.

Shapshak, Toby. "How Kenya's M-Kopa Brings Prepaid Solar Power To Rural Africa." *Forbes*, January 28, 2016.

Beser, Ari. "How Citizen Science Changed the Way Fukushima Radiation is Reported." *National Geographic*, Fulbright National Geographic Stories, February 13, 2016.

Heikell, Lorence. "UN and Microsoft Aid Disaster Recovery, Economic Development in Nepal." Microsoft Feature Story. Accessed March 10, 2017. https://news.microsoft.com/features/un-and-microsoft-aid-disaster-recovery-economic-development-in-nepal/#sm.00001tfvv5hhqcs610r97vxf4vfiv#hAyXgOep0YzFR1W8.97.

Amazon. "New Version of Alexa Web Search Service Gives Any Developer Tools to Innovate in Search at Web Scale." Amazon Press Release, June 6, 2007. http://phx.corporate-ir.net/phoenix.zhtml?c=176060&p=irol-newsArticle&ID=1012591.

Barr, Allison. "Amazon's Next Billion-dollar Business Eyed." Reuters, July 22, 2011.

Brengel, Kellogg. "ThyssenKrupp Elevator Uses Microsoft Azure IoT for Improved Building Efficiency." OnMicrosoft. Accessed March 10, 2017. https://www.onmsft.com/news/thyssenkrupp-elevator-uses-microsoft-azure-iot-improved-building-efficiency.

03 新使命、新动力

Vance, Ashlee. "CEO Memo Makes 'Productivity' the New Mantra at Microsoft." *Bloomberg*, July 10, 2014.

McGregor, Jen. "Microsoft CEO Satya Nadella's Love of Literary Quotes." *Washington Post*, July 10, 2014.

Wingfield, Nick. "Satya Nadella Says Changes Are Coming to Microsoft." *New York Times*, July 10, 2014.

04 文化复兴

Peckham, Matt. "'Minecraft' Is Now the Second Best-Selling Game of All Time." *Time*, June 2, 2016.

05 是敌是友?

http://spectrum.ieee.org/tech-talk/telecom/internet/popular-internet-of-things-forecast-of-50-billion-devices-by-2020-is-outdated

06 超越云端

Linn, Allison. "How Microsoft Computer Scientists and Researchers Are Working to 'Solve' Cancer." Microsoft Story Labs, September 2016. https://news.microsoft.com/stories/computingcancer/.

Dupzyk, Kevin. "I Saw the Future Through Microsoft's HoloLens." *Popular Mechanics,* September 6, 2016, http://www.popularmechanics.com/technology/a22384/hololens-ar-breakthrough-awards/.

Aukstakalnis, Steve. *Practical Augmented Reality. A Guide to the Technologies, Applications, and Human Factors for AR and VR.* Boston: Addison-Wesley, 2016.

Grunwald, Martin. *Human Haptic Perception: Basics and Applications.* Boston: Birkhauser, 2008.

Gartner, Hype Cycle for Emerging Technologies, 2016, G00299893

Aaronson, Scott. *Quantum Computing Since Democritus.* Cambridge: Cambridge University Press, 2013.

Linn, Allison. "Microsoft Doubles Down on Quantum Computing Bet." Next at Microsoft Blog, November 20, 2016. https://blogs.microsoft.com/next/2016/11/20/microsoft-doubles-quantum-computing-bet/.

07 信任等式

Ignatius, Adi. "They Burned the House Down." *Harvard Business Review* 93, no. 7/8 (2015): 106–13.

Smith, Brad. "'The Interview' Now Available on Xbox Video." The Official Microsoft Blog, December 24, 2014. http://blogs.microsoft.com/blog/2014/12/24/the-interview-now-available-on-xbox-video/.

Microsoft News Center. "Statement from Microsoft about Response to Government Demands for Customer Data." The Official Microsoft Blog, July 11, 2013. http://news.microsoft.com/2013/07/11/statement-from-microsoft-about-response-to-government-demands-for-customer-data/#sm.001aorusr7vufs511ur2bludrw2u3.

Hesseldahl, Arik. "Microsoft and Google Will Sue U.S. Government Over FISA Order Data." *All Things D*, August 30, 2013. http://allthingsd.com/20130830/microsoft-and-google-will-sue-u-s-government-over-fisa-order-data/#.

Cellan-Jones, Rory. "Technology Firms Seek Government Surveillance Reform." *BBC Technology News*, December 9, 2013. Accessed December 8, 2016. http://www.bbc.com/news/technology-25297044.

Ackerman, Spencer. "Tech Giants Reach White House Deal on NSA Surveillance of Customer Data." *The Guardian*, January 27, 2014. Accessed December 8, 2016. https://www.theguardian.com/world/2014/jan/27/tech-giants-white-house-deal-surveillance-customer-data.

Ellingsen, Nora. "The Microsoft Ireland Case: A Brief Summary," LawFare Blog, July 15, 2016, https://www.lawfareblog.com/microsoft-ireland-case-brief-summary.

Bennet, James, et al. "Adapting Old Laws to New Technologies; Must Microsoft Turn Over Emails on Irish Servers?" *New York Times*, July 27, 2014. http://www.nytimes.com/2014/07/28/opinion/Must-Microsoft-Turn-Over-Emails-on-Irish-Servers.html?_r=0.

Conger, Kate. "The Federal District Court Ruled in Favor of U.S. Prosecutors, but We Appealed the Decision, and the United States Court of Appeals for the Second Circuit Backed Microsoft's Position." *TechCrunch*, July 14, 2016. https://techcrunch.com/2016/07/14/microsoft-wins-second-circuit-warrant/.

Nakashima, Ellen. "Apple Vows to Resist FBI Demand to Crack iPhone Linked to San Bernardino Attacks." *Washington Post*, February 17, 2016. Accessed December 8, 2016. https://www.washingtonpost.com/world/national-security/us-wants-apple-to-help-unlock-iphone-used-by-san-bernardino-shooter/2016/02/16/69b903ee-d4d9-11e5-9823-02b905009f99_story.html.

Bloomberg, Michael. "The Terrorism Fight Needs Silicon Valley; Tech Executives Are Dangerously Wrong in Resisting the Government's Requests for Their Help." *Wall Street Journal*, June 29, 2016.

Accessed December 8, 2016. http://www.wsj.com/articles/the-terrorism-fight-needs-silicon-valley-1467239710.

Hazelwood, Charles. "Trusting the Ensemble." TED Talk, 19:36, filmed July 2011. http://www.ted.com/talks/charles_hazlewood.

Gates, Bill. "Memo from Bill Gates." The Official Microsoft Blog, January 11, 2012. http://news.microsoft.com/2012/01/11/memo-from-bill-gates/#sm.00000196kro2y0ndaxxlau37xidty.

Delgado, Rick. "A Timeline of Big Data Analytics." *CTO Vision*, September 12, 2016. https://ctovision.com/timeline-big-data-analytics/.

Lieberman, Mark. "Zettascale Linguistics." *Language Log*, November 5, 2003. http://itre.cis.upenn.edu/~myl/languagelog/archives/000087.html.

North, Douglass Cecil. *Economic Growth of the United States, 1790–1860*. Englewood Cliffs, NJ: Prentice Hall, 1961.

Adams, John. "John Adams to Abigail Adams, 3 July 1776." Adams Family Papers: An Electronic Archive, Massachusetts Historical Society, Boston. Accessed December 8, 2016. http://www.masshist.org/digitaladams/archive/doc?id=L17760703jasecond.

Riley v. California, 134 S. Ct. 2473, 189 L. Ed. 2d 430, 2014 U.S. LEXIS 4497, 82 U.S.L.W. 4558, 42 Media L. Rep. 1925, 24 Fla. L. Weekly Fed. S 921, 60 Comm. Reg. (P & F) 1175, 2014 WL 2864483 (U.S. 2014). https://www.supremecourt.gov/opinions/13pdf/13–132_8l9c.pdf.

Rothman, Lily. "10 Questions with Akhil Reed Amar." *Time*, September 5, 2016, 56.

Arun K. Thiruvengadam Scholarly Papers. New York: Social Science Research Network, 2013–2016. Accessed December 8, 2016. https://papers.ssrn.com/sol3/cf_dev/AbsByAuth.cfm?per_id=411428.

Malden, Mary, and Lee Rainie. "Americans' Attitudes about Privacy, Security and Surveillance." Washington, DC: Pew Research Center, 2015. Accessed December 8, 2016.

http://www.pewinternet.org/files/2015/05/Privacy-and-Security-Attitudes-5.19.15_FINAL.pdf.

Neuborne, Burt. *Madison's Music: On Reading the First Amendment.* New York: The New Press, 2015.

08 人与机器的未来

Markoff, John, and Paul Mozur, "For Sympathetic Ear, More Chinese Turn to Smartphone Program." *New York Times*, July 31, 2015.

Tractica. Virtual Digital Assistants. Boulder, CO: Tractica, 2016. Accessed December 8, 2016.

https://www.tractica.com/research/virtual-digital-assistants/.

Executive Office of the President National Science and Technology County Committee on Technology. *Preparing for the Future of Artificial Intelligence*. Washington, DC: National Science and Technology Council, 2016. Accessed December 8, 2016. https://www.whitehouse.gov/sites/default/files/whitehouse_files/microsites/ostp/NSTC/preparing_for_the_future_of_ai.pdf.

Kurzweil, Ray. *The Singularity Is Near: When Humans Transcend Biology.* New York: Penguin Books, 2006.

Markoff, John. *Machines of Loving Grace: The Quest for Common Ground Between Humans and Robots*. New York: Ecco, 2015.

Asimov, Isaac. "Runaround." In *I, Robot*. New York: Gnome Press, 1950.

Gates, Bill. "The Internet Tidal Wave." Memorandum to executive staff, May 26, 1995. https://www.justice.gov/sites/default/files/atr/legacy/2006/03/03/20.pdf.

Breazeal, Cynthia. *Designing Sociable Robots*. London: MIT Press, 2002.

Nadella, Satya. "The Partnership of the Future." *Slate*, June 28, 2016. Accessed December 8, 2016. http://www.slate.com/authors.satya_nadella.html.

Stone, Peter, et al. "Artificial Intelligence and Life in 2030." *One Hundred Year Study on Artificial Intelligence: Report of the 2015–2016 Study Panel*. Stanford, CA: Stanford University, 2016. Accessed: September 6, 2016. https://ai100.stanford.edu/2016-report/preface.

Allen, Colin. "The Future of Moral Machines." *New York Times*, December 25, 2011.

Bostrom, Nick. *Superintelligence: Paths, Dangers, Strategies*. Oxford: Oxford University Press, 2014.

Ford, Martin. *Rise of the Robots: Technology and the Threat of a Jobless Future*. New York: Basic Books, 2015.

Brynjolfsson, Erik, and Andrew McAfee. *The Second Machine Age: Work, Progress, and Prosperity in a Time of Brilliant Technologies*. New York: W. W. Norton, 2014.

McCullough, David. *The Wright Brothers*. New York: Simon & Schuster, 2015.

Krznaric, Roman. *Empathy: Why It Matters, and How to Get It*. New York: TarcherPerigee, 2014.

Schwab, Klaus. *The Fourth Industrial Revolution*. New York: Crown Business, 2017.

Susskind, Daniel, and Richard Susskind. *The Future of the Professions: How Technology Will Transform the Work of Human Experts*. Oxford: Oxford University Press, 2016.

09 实现人人获益的经济增长

Associated Press. "Who's Been Invited to the State of the Union Tonight?" *Boston Globe*, January 12, 2016. Accessed December 9 2016. https://www.bostonglobe.com/news/politics/2016/01/12/guestsrdp/DR3KzNA90x3nxLYFOFs0nN/story.html.

Obama, Barack. State of the Union Address. White House, January 12, 2016. Accessed December 9, 2016. https://www.whitehouse.gov/sotu.

Solow, Robert M. "We'd Better Watch Out." Review of *The Myth of the Post-Industrial Economy*, by Stephen S. Cohen and John Zysman. *New York Times*, July 12, 1987. Accessed December 9, 2016. http://www.standupeconomist.com/pdf/misc/solow-computer-productivity.pdf.

Nadella, Satya, Ulrich Spiesshofer, and Andrew McAfee. "Producing Digital Gains at Davos." *BCG Perspectives*, March 9, 2016. Accessed

December 9, 2016. https://www.bcgperspectives.com/content/articles/technology-digital-technology-business-transformation-producing-digital-gains-davos/.

Weightman, Gavin. *The Industrial Revolutionaries: The Making of the Modern World, 1776–1914*. New York: Grove Press, 2010.

Ashton, T. S., and Pat Hudson. *The Industrial Revolution, 1760–1830*, 2nd ed. Oxford: Oxford University Press, 1998.

Republic of Malawi. National ICT Policy. Lilongwe: Malawi, 2013. Accessed December 9, 2016. https://www.malawi.gov.mw/Publications/Malawi_2013_Malawi_ICT_Policy.pdf.

Republic of Rwanda Ministry of Finance and Economic Planning. Rwanda Vision 2020. Kigali: Rwanda, 2000. Accessed December 9, 2016. http://www.sida.se/globalassets/global/countries-and-regions/africa/rwnda/d402331a.pdf.

Comin, Diego A., and Bart Hobijn. "Historical Cross-Country Technology Adoption (HCCTA) Dataset." The National Bureau of Economic Research. Last modified August 8, 2004. http://www.nber.org/hccta/.

McKenzie, David, and Christopher Woodruff. "What Are We Learning from Business Training and Entrepreneurship Evaluations around the Developing World?" Working Paper WPS6202, The World Bank Development Research Group Finance and Private Sector Development Team. World Bank, 2012.

http://documents.worldbank.org/curated/en/777091468331811120/pdf/wps6202.pdf.

Adesanya, Ireti. "The Genius Behind the Gini Index." Virginia Commonwealth University School of Mass Communications Multimedia Journalism. Last modified December 20, 2013. http://mmj.vcu.edu/2013/12/20/methodology-gini-index-sidebar/.

"Maxima and minima." Wikipedia. Last modified October 9, 2016. https://en.wikipedia.org/wiki/Maxima_and_minima.

Immelt, Jeffrey. "NYU Stern Graduate Convocation 2016: Jeffrey Immelt." Filmed May 20, 2016. YouTube video, 18:27. Posted June 2, 2016. https://www.youtube.com/watch?v=hLMiuN8uSsk.

Erlanger, Steven. "'Brexit': Explaining Britain's Vote on European Union Membership." *New York Times*, October 27, 2016. http://www.nytimes.com/interactive/2016/world/europe/britain-european-union-brexit.html?_r=0.

Hardy, Quentin. "Cloud Computing Brings Sprawling Centers, but Few Jobs, to Small Towns." *New York Times*, August 26, 2016. http://www.nytimes.com/2016/08/27/technology/cloud-computing-brings-sprawling-centers-but-few-jobs-to-small-towns.html.

Acemoglu, Daron, and Pascual Restrepo. "The Race Between Man and Machine: Implications of Technology for Growth, Factor Shares and Employment." Unpublished manuscript, December 2015. https://pdfs.semanticscholar.org/4159/521bb401c139b440264049ce0af522033b5c.pdf?_ga=1.27764476.1700601381.1481243681.

Lemann, Nicholas. "The Network Man: Reid Hoffman's Big Idea." *The New Yorker*, October 12, 2015. http://www.newyorker.com/magazine/2015/10/12/the-network-man.

Romer, Paul. "Interview on Urbanization, Charter Cities and Growth Theory." Paul Romer (blog), April 29, 2015. https://paulromer.net/tag/charter-cities/.

Calmes, Jackie. "Who Hates Free Trade Treaties? Surprisingly, Not Voters." *New York Times*, September 21, 2016. http://www.nytimes.com/2016/09/22/us/politics/who-hates-trade-treaties-surprisingly-not-voters.html.

"Trans-Pacific Partnership." International Trade Administration, Department of Commerce, Washington, DC. Accessed December 9, 2016. http://www.trade.gov/fta/tpp/index.asp.